Animales del desierto

DIBUJAR PASO A PASO

Doug DuBosque

EVERGREEN

A mi esposa,
amiga,
paciente editora
e hija del desierto,
Susan Joyce DuBosque.

D.D.

EVERGREEN is an imprint of Benedikt Taschen Verlag GmbH

© para esta edición: 2000 Benedikt Taschen Verlag GmbH
Hohenzollernring 53, D-50672 Köln

First published in 1997 by Peel Productions, Inc.
Título original: Draw Desert Animals
Copyright © 1997 by Douglas C. DuBosque

Traducción del inglés:
Aría del Val, Madrid
Redacción y maquetación de la edición española:
Rosa Cifuentes, Pablo Ripollés, Olegario Torralba, Madrid
Portada: Catinka Keul, Colonia

Printed in Korea
ISBN 3-8228-6181-2

Contenido

STOP Unas sugerencias antes de empezar...

Desiertos: ¡qué maravilla!

Los desiertos del mundo, esos lugares tan áridos, reservan muchas sorpresas a quienes los exploran. ¡Eso es lo que vamos a hacer con un lápiz!

Animales del desierto te enseña paso a paso cómo dibujar criaturas fascinantes. Algunas te resultarán bastante fáciles; otras no.

¿Qué necesitas?

- **LÁPIZ**
  (uno 2B o 3B va bien)
- **SACAPUNTAS**
- **GOMA DE BORRAR**
  (la mejor es la moldeable)
- **PAPEL**
  (test de calidad: ¿qué tal se borra en él?)
- **UN BUEN LUGAR DE TRABAJO**
  (tranquilo y con buena luz)

¿Qué necesitas de verdad?

- **¡ACTITUD POSITIVA!**
  Olvídate del «no puedo».
  Repite: «Estoy aprendiendo», «Estoy entendiéndolo», «Esto me ha salido bien; ahora voy a por lo más difícil»...

  «¡... y no voy a parar hasta que esté BIEN!»

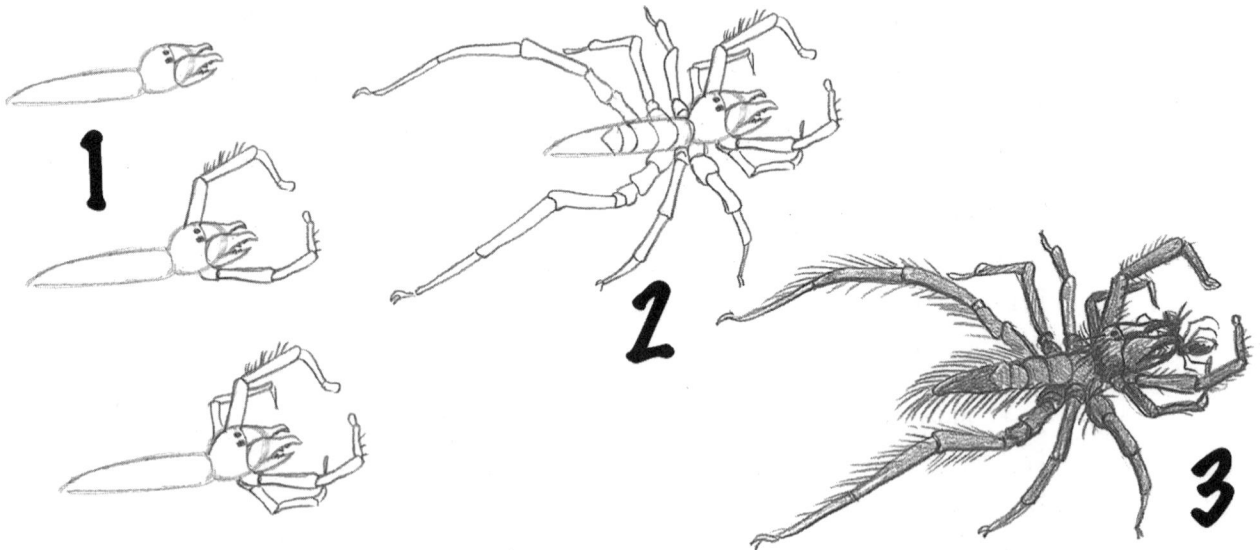

Plantéate el dibujo en tres etapas.
Primera

¡**FÍJATE** bien en el animal del desierto que quieres dibujar! Observa las distintas formas y partes, y cómo encajan entre sí.

Luego **esboza suavemente** cada forma, encajándola en su sitio.

Si empiezas el dibujo sin apretar, es fácil corregir los errores sin echar a perder el trabajo.

Segunda

Asegúrate de que todas las formas y partes encajan:

- **ajusta** las líneas,
- **repite** las partes que no hayan salido bien,
- **borra** las líneas que ya no necesites.

Tercera

Utiliza todo el tiempo necesario para dar vida a tu dibujo:

- **resalta las líneas** en los sitios importantes: articulaciones, pies, garras, cuernos, púas, ojos...
- añade **piel**, **plumas** o **escamas**,
- **sombrea**,
- **limpia** el dibujo con la goma,
- **ponle la fecha y guárdalo** en una carpeta *(ver pág. 62)*.

Para tu información...

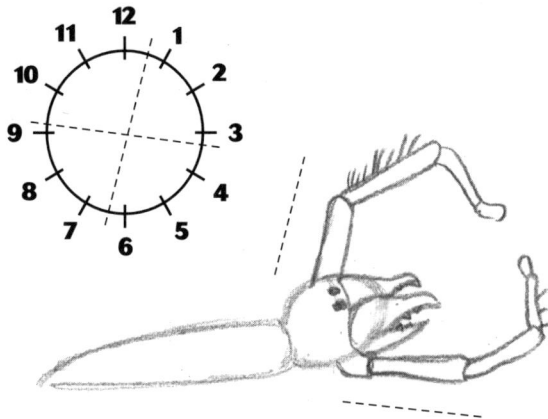

De vez en cuando verás **ESFERAS DE RELOJ** como ésta. Úsalas como referencia para ver la inclinación de óvalos, patas y demás ángulos del dibujo.

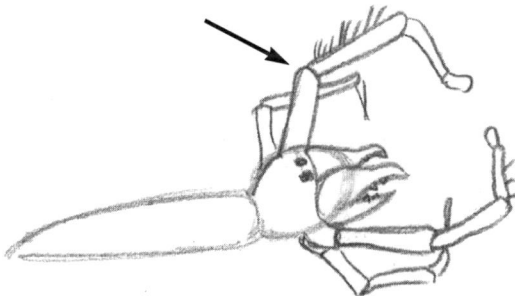

Este símbolo (**¡Ojo!**) señala aspectos importantes del dibujo: en este caso, dónde una pata se superpone a otra.

pedipalpos

Los **rótulos** te ayudarán a identificar las partes del animal mencionadas en el texto.

Antílope adax

Addax nasomaculatus.

África. Altura: 0,9–1,2 m.

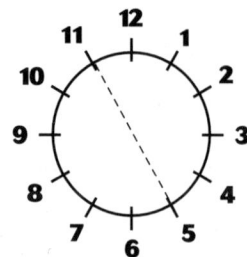

El adax no necesita beber, ya que obtiene todo el agua que necesita de la comida. Es grande, con anchas pezuñas muy útiles para caminar sobre la arena blanda. Es nómada y vive en manadas de 20 a 200 ejemplares. Tiene una habilidad especial para localizar las manchas de vegetación que brotan en el desierto tras un aguacero. El color varía de un ejemplar a otro, pero todos tienen en común una franja de pelo marrón oscuro en la frente.

1. Comienza tu adax esbozando dos óvalos. Compara la inclinación del óvalo del anca trasera con la esfera del reloj. Traza dos líneas para unir los óvalos por arriba y por abajo.

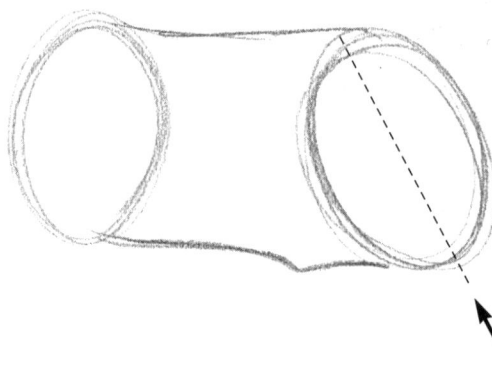

2. Esboza el círculo de la cabeza, con el centro a la altura de la cruz del animal. Ahora haz uno más pequeño para el hocico y dibuja las orejas.

   Traza las líneas del cuello (la de abajo dentada).

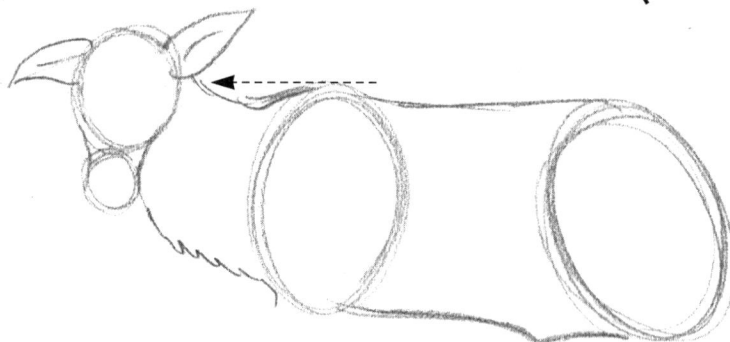

3. Dibuja los ojos. ¡OJO! Sólo uno queda en el borde del círculo. Traza unas curvas de guía para las manchas de la cara.

   Bosqueja unos óvalos pequeños para las articulaciones de las patas, y dibuja éstas. Date cuenta de cómo la inclinación del óvalo te indica el ángulo de la parte alta de la pata trasera.

   Añade la cola.

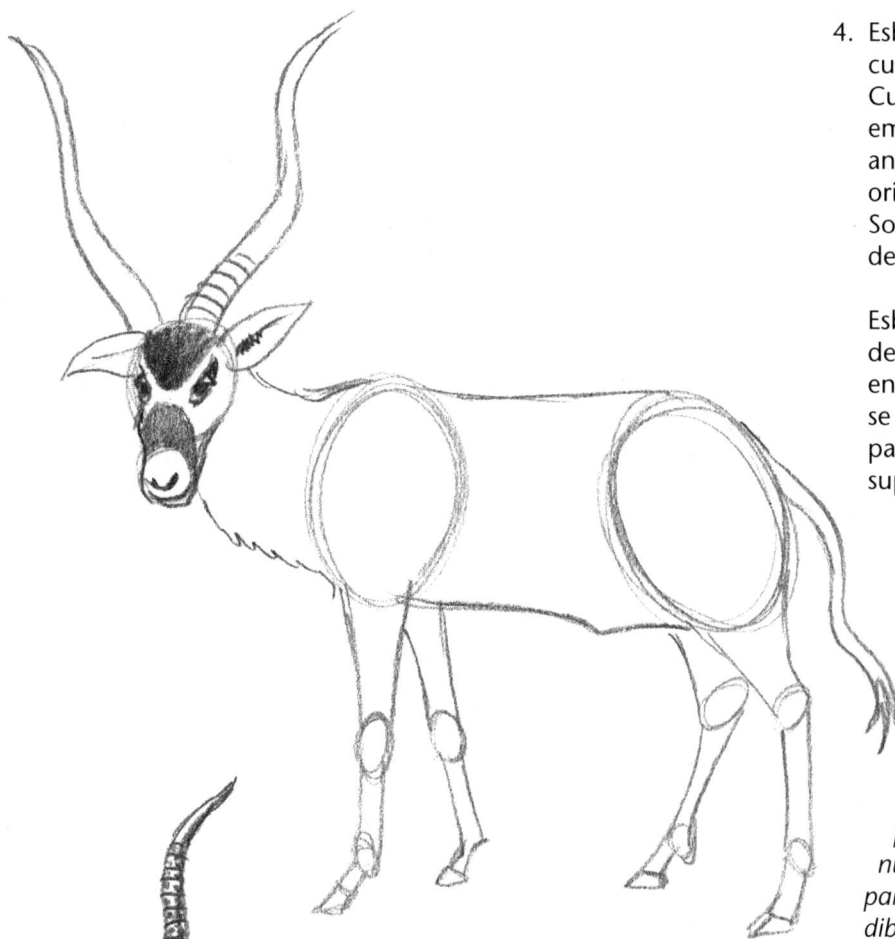

4. Esboza los elegantes cuernos en espiral. Cuando te salgan, empieza a ponerles los anillos curvos. Añade los orificios nasales y la boca. Sombrea las zonas oscuras de la cara y la oreja.

Esboza las articulaciones de las otras dos patas y encájalas. Fíjate en dónde se cortan las líneas de patas y cuerpo que se superponen.

Con cuidado, borra lo que «sobra» de los óvalos antes de pasar a la fase final. Si has apretado mucho (como en este ejemplo), tal vez prefieras empezar de nuevo; aplica lo aprendido para hacer el segundo dibujo aún mejor.

5. Como el adax es de color claro, no tienes que sombrear todo el cuerpo. Haz los trazos de lápiz más suaves al acercarte a las zonas claras; deja éstas en blanco.

Empezando por las partes más oscuras, haz el pelaje con trazos cortos y suaves de lápiz; la tripa y el flanco son más claros.

Empezando por las partes más oscuras, haz el pelaje con trazos cortos y suaves de lápiz; la tripa y el flanco son más claros.

Limpia el dibujo con la goma. ¡Ponle fecha y guárdalo en tu carpeta!

Órix de Arabia

Oryx Leucoryx.
Sudeste de Arabia Saudí.
Tamaño: 2 m de largo.

Es el único tipo de órix que se halla fuera de África; este pequeño animal recorre el desierto en condiciones extremas para encontrar la hierba y arbustos que come. Para refugiarse del sol, cava un hoyo bajo un arbusto o en la ladera de una duna. Lo han cazado por su piel, carne y cuernos; de no estar protegido por la ley, se habría extinguido (en 1972 se vio el último ejemplar en libertad). Vive en cautividad, aunque afortunadamente es posible reintegrarlo a su hábitat natural.

¡Nunca aprietes al principio!

1. Empieza el dibujo con tres óvalos de distinta inclinación. Ésta refleja el movimiento y el porte del animal. Los óvalos también te recordarán la anatomía subyacente. Dibújalos.

2. Fíjate en que la cabeza sólo sobresale un poco por arriba respecto a la cruz del animal. Traza un círculo suave para la cabeza, otro más pequeño para el hocico y las líneas que los unen. Añade el ojo a media altura del círculo de la cabeza y un poco hacia la izquierda. Dibuja las orejas y luego traza la línea del cuello y el lomo, uniendo todos los óvalos. Añade la cola y la línea de la garganta y el pecho.

3. Encaja las patas más cercanas empezando por unos pequeños óvalos y círculos para las articulaciones. Fíjate en los ángulos de la trasera.

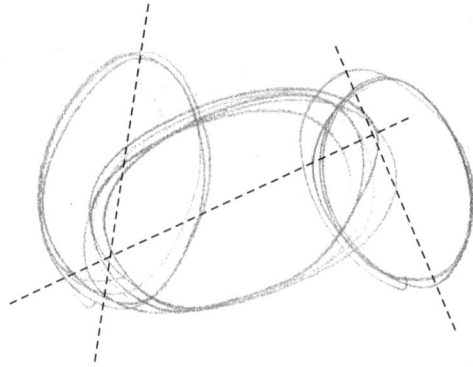

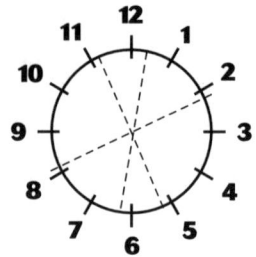

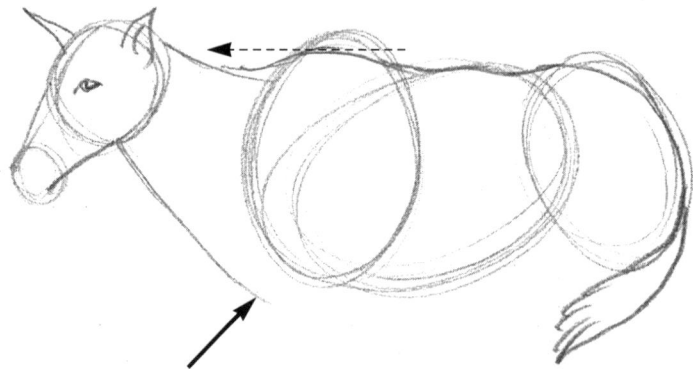

4. Encaja las otras dos patas del mismo modo. Fíjate bien en el encuentro de la línea inferior del cuello con la pata delantera. Une la tripa con la pata trasera.

5. Dibuja los cuernos largos y curvos: suavemente al principio… *¡por supuesto!*

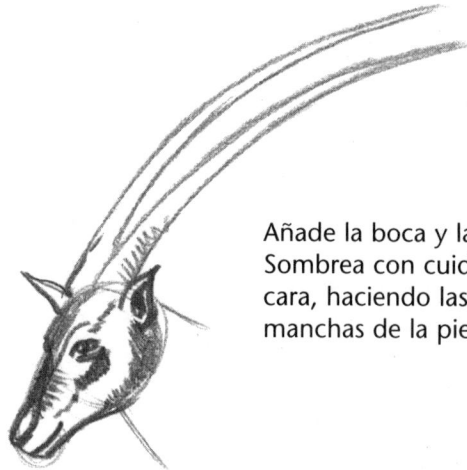

Añade la boca y la nariz. Sombrea con cuidado la cara, haciendo las manchas de la piel.

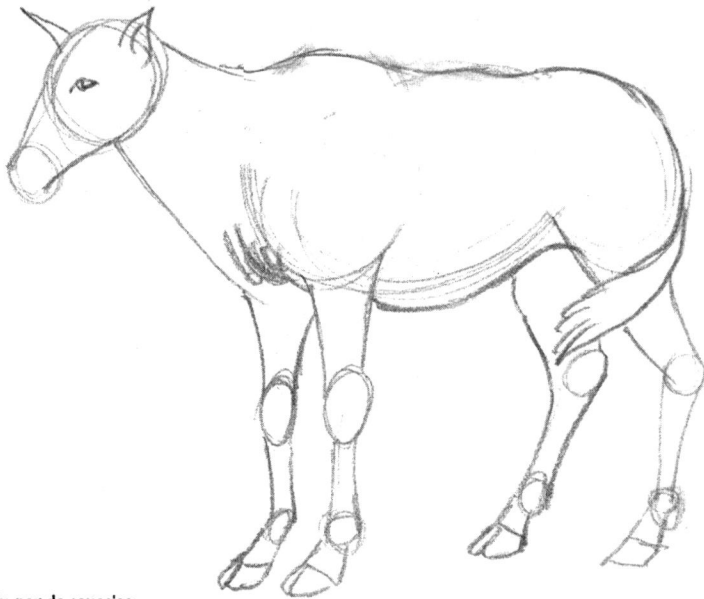

Un par de consejos:

Cuando dibujes los cuernos, gira el papel para que te resulte más cómodo y la curva te salga más natural.

Apoya la mano sobre un trozo de papel limpio colocado sobre el dibujo para no ensuciar las partes ya acabadas. Procura que no se mueva; si no, no servirá de gran cosa.

6. Sigue sombreando el cuerpo con trazos cortos de lápiz; presta atención a la dirección que siguen y al grado de oscuridad. Deja la panza clara y oscurece las pezuñas. Añade un poco de hierba y traza un par de líneas por detrás del órix para representar unas dunas.

¡Opulento órix! Limpia el dibujo con la goma, ponle fecha y… ¡guárdalo en tu carpeta!

Agama «cabeza de sapo»

Phrynocephalus neydensis.
SO de Asia. Tamaño: hasta 12,5 cm.

Este esquivo lagarto cava cortos túneles como refugio o se entierra sin más en la arena con movimientos laterales del cuerpo. Se alimenta sobre todo de insectos, aunque también come flores y hojas. Si se asusta, se yergue sobre las patas y enrolla y desenrolla la cola: ésa es su actitud defensiva.

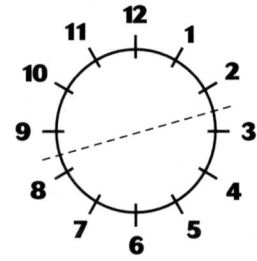

1. Empieza el dibujo esbozando suavemente el óvalo inclinado hacia delante del cuerpo. Compara el ángulo con la esfera del reloj: te ayudará a captar la postura defensiva. Añade suavemente las complicadas curvas de la cola. Dibuja en el otro extremo un óvalo más rechoncho para la cabeza; únelo al cuerpo con los dos cortos trazos del cuello.

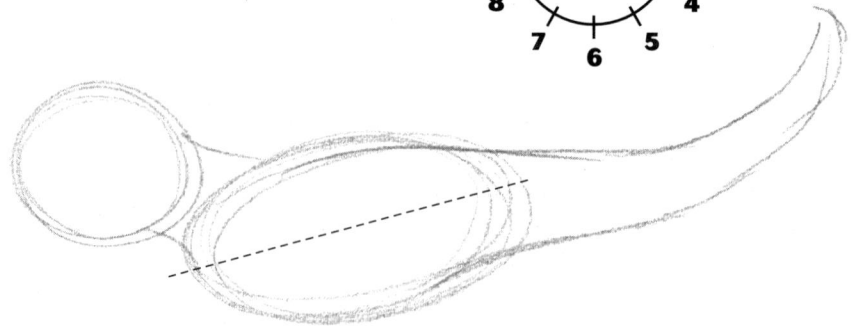

2. Traza una curva fluida que pase por la parte alta de la cabeza, la nuca y el lomo (uniendo los óvalos); prolóngala en la cola. Haz unas pequeñas curvas para situar el punto de unión de las patas. Agrega con cuidado la terminación en espiral de la cola.

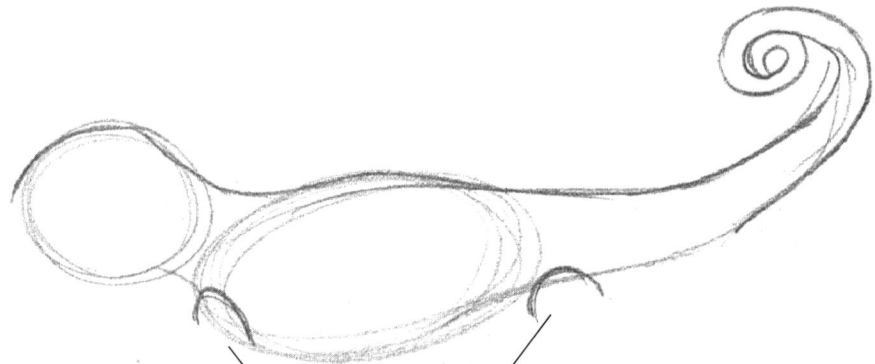

las patas se
unen aquí

3. Para encajar los miembros utiliza, como siempre, suaves óvalos para marcar las articulaciones. Añade curvas para terminar las patas; observa lo marcadas que son en la trasera. Dibuja los pies.

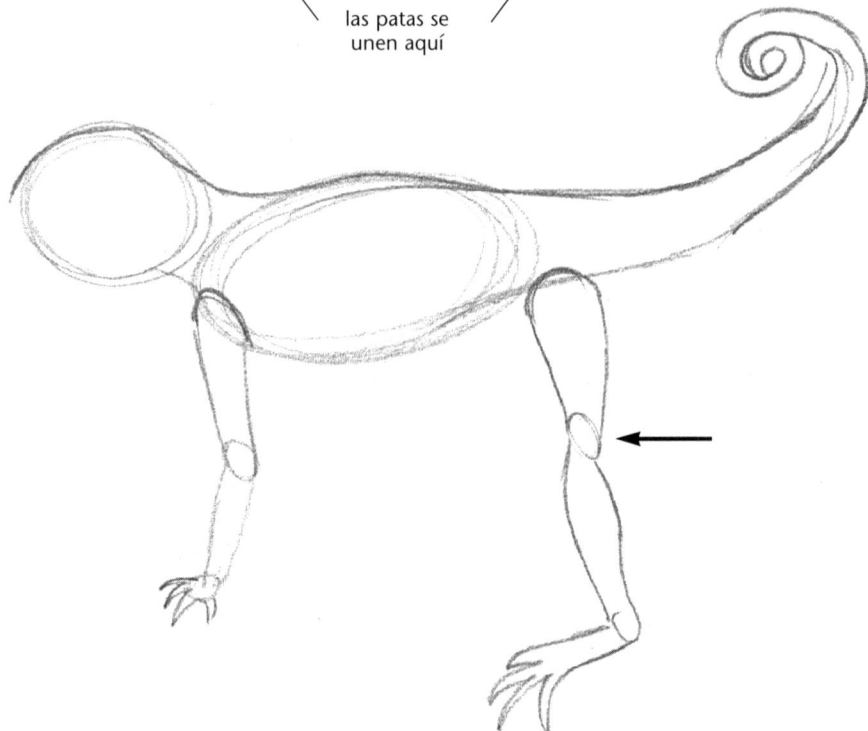

pata trasera derecha

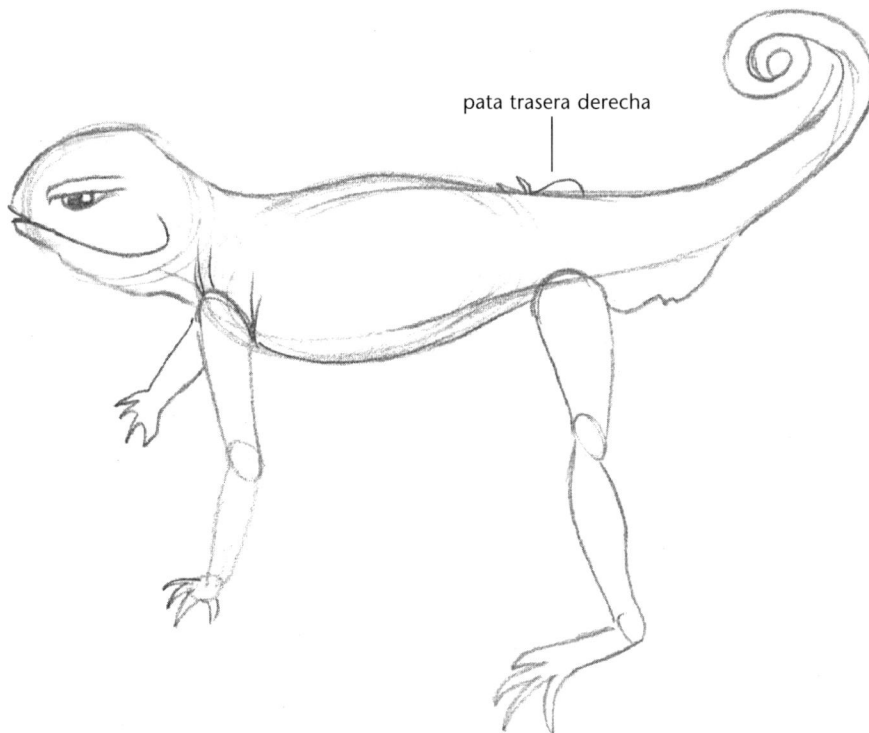

Refina los detalles antes de sombrear y dar los últimos retoques.

4. Dibuja el ojo rasgado con su arco ciliar. Añade la línea de la boca, descendente y curvada. Dibuja lo poco que se ve de las dos patas del otro lado del agámido. Refina la parte inferior del cuello, la tripa y la cola, y dibuja las «crestas» onduladas justo detrás de la pata trasera.

Si te gusta cómo va el dibujo, continúa; si no, guárdalo como boceto de prácticas en tu carpeta (ponle la fecha).

5. Para acabar a nuestro amigo «cabeza de sapo», perfila suavemente las franjas de patas y cola y las manchas del dorso. Sombrea con cuidado de un extremo a otro y vuelve atrás, buscando detalles que se te hayan pasado. Haz la *sombra proyectada* debajo.

Repasa el contorno con un lápiz afilado y limpia el dibujo con la goma.

¡Asquerosamente bueno el dibujo del agama, tío! ¡Ponle fecha y guárdalo en tu carpeta!

Camello bactriano

Camelus bactrianus ferus.

Asia central, norte de África, Oriente Próximo. Tamaño: 3 m de largo, 2 m de alto en la cruz.

El camello bactriano tiene dos jorobas (como una B tumbada) en las que almacena grasa que le ayuda a sobrevivir cuando la comida escasea. Se alimenta de hierba y hojas de árboles y arbustos. El pelaje abundante y largo le abriga en invierno, pero lo muda en verano. Se mueve con lentitud, con un contoneo característico; es capaz de caminar levantando las dos patas del mismo lado a la vez.

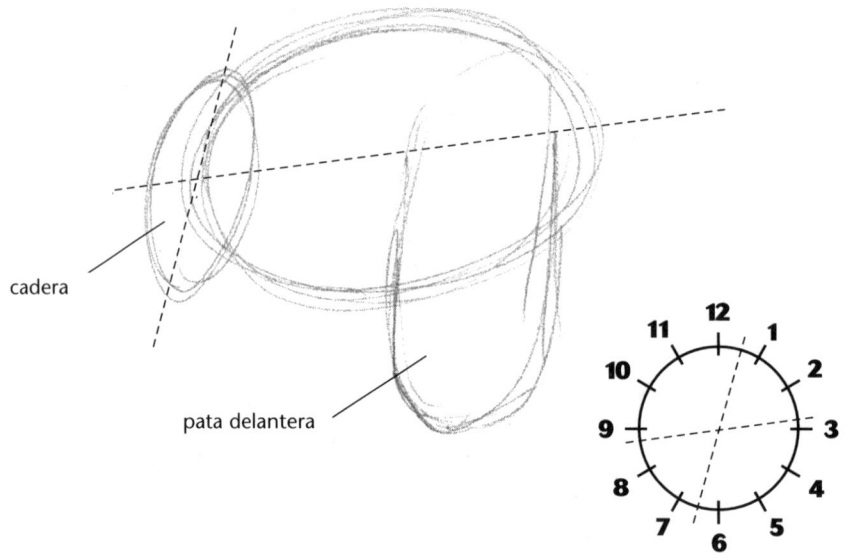

cadera

pata delantera

1. Empieza esbozando el gran óvalo levemente inclinado del tronco. *Cortándolo,* haz otro más pequeño y delgado para la cadera; observa bien la inclinación. Haz una U para la pata delantera que sobresalga por debajo del cuerpo.

2. Añade las dos gibas del lomo y esboza un círculo para la cabeza; ¿dónde queda en relación con el primer óvalo? Únelo al lomo con un corto trazo y dibuja otra larga U «peluda» para el cuello. Dibuja la cola.

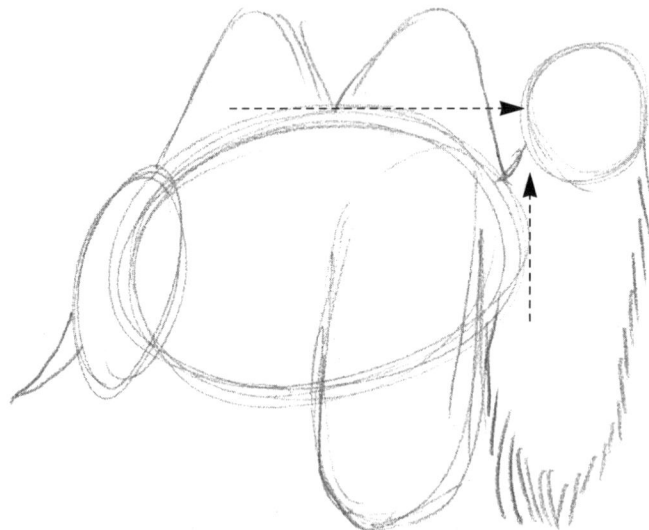

¿Dónde queda la cabeza respecto al primer óvalo que dibujaste?

3. A 3/4 de la altura de la cabeza, traza una horizontal: llena la parte superior de pelo en punta (¡bonito peinado!). A media altura, dibuja ambas orejas; justo donde acaban por arriba pon los orificios nasales, y justo por debajo el labio superior. Añade más líneas en nariz y boca.

   Los ojos van entre los orificios nasales y las orejas. Haz trazos cortos para representar el espeso pelaje de cara y cuello.

¾
½
¼

4. Pon unos pequeños círculos para las articulaciones de las patas delanteras en la base de la U. Haz los óvalos anchos y aplastados de las pezuñas, y únelos con curvas a la parte superior (fíjate: una pata se superpone a la otra). Añade los dedos.

Encaja las patas traseras por el mismo método.

¡OJO! *El camello tiene gruesas callosidades en las zonas sobre las que se arrodilla. En tu cuerpo, las de las patas traseras corresponden a las rodillas, y las de las delanteras al dorso de las muñecas.*

dedos

5. Acaba el dibujo con cuidadosos trazos cortos para sombrear el cuerpo y crear textura.

Tómate tu tiempo. ¿Qué partes son las más oscuras y las más claras? ¿Qué dirección siguen los trazos en cada parte del cuerpo? Mejorarás mucho si te acostumbras a hacerte estas preguntas mientras dibujas.

Añade una pequeña *sombra proyectada* bajo el camello. Limpia el dibujo con la goma.

Por cierto, los camellos escupen. ¿Parece que el tuyo te está escupiendo? Sea así o no, fecha el dibujo y guárdalo en tu carpeta.

Araña del sol

Orden *Solifugida* o *Solpugida*.

África, Oriente, América, sur de España. Tamaño: Más de 15 cm de envergadura de un lado a otro con las patas extendidas.

Estos peludos y veloces *arácnidos* (son parientes de las arañas) cazan insectos por la noche, aunque a veces comen lagartijas, pequeños mamíferos y pájaros. Tienen enormes *quelíceros* (así se llaman sus «mandíbulas») con los que mastican y trituran a sus víctimas, que acaban convertidas en una masa informe. Alcanzan una velocidad de 16 km/h. Su nombre procede de que les gusta permanecer en las partes más secas del desierto, lejos de los oasis.

¡Cielos! ¡Ésta sí que parece difícil! Empieza por las formas más simples y ve añadiendo partes una a una.

1. Esboza las dos partes principales del cuerpo: una alargada, en forma de bala; la otra casi circular.

2. Haz dos puntos para los ojos. Dibuja el quelícero más próximo (en forma de pinza), y lo poco que se ve del otro.

3. Dibuja justo detrás el primer artejo del primer *pedipalpo* (que es táctil: como una pata, pero sin uñas), y luego el siguiente artejo.

4. Añade los artejos restantes, y los cuatro que se ven del otro pedipalpo.

5. Dibuja el segundo par de pedipalpos. **¡OJO!** Observa que pasan por *debajo* del primer par, dando *profundidad* a tu dibujo.

6. El tercer par de apéndices sí sostiene a la araña. Estas patas locomotoras salen directamente hacia los lados. Dibújalas gruesas y fuertes.

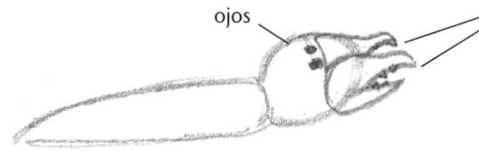

ojos

Quelíceros*: en proporción con el cuerpo, ¡son las «mandíbulas» más grandes de todos los seres vivos!*

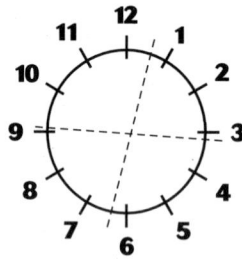

Cuando dibujes óvalos o líneas, compara la inclinación con la esfera del reloj.

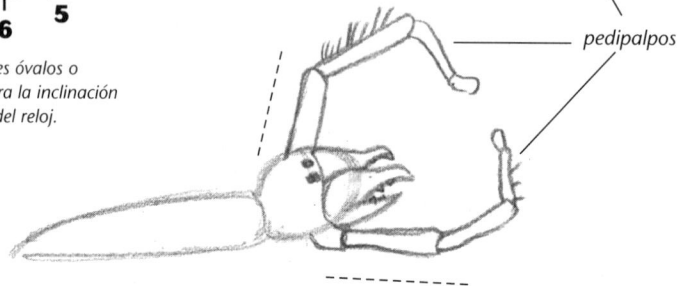

pedipalpos

¡más pedipalpos!

patas locomotoras (primer par) con diminutas garras como en las arañas

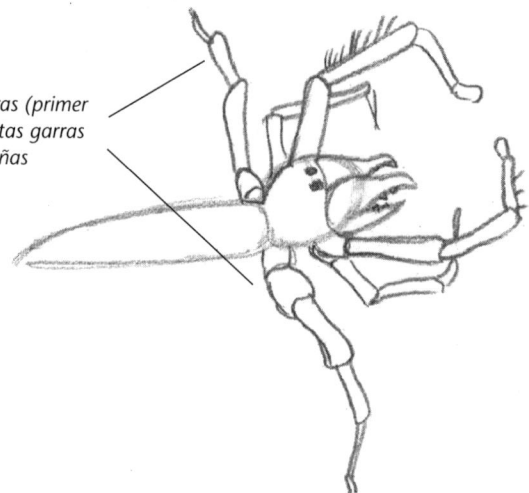

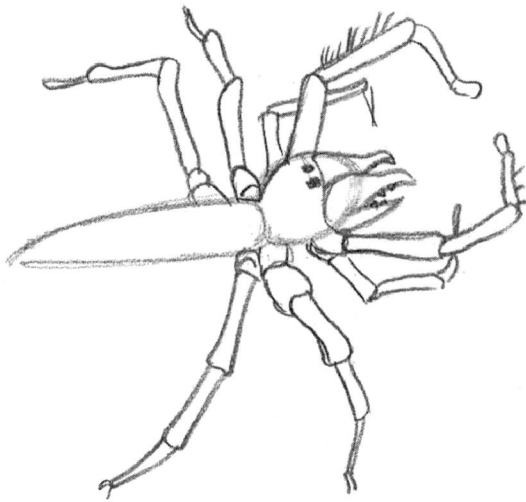

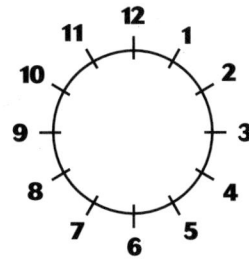

7. Apuesto a que no adivinas qué viene ahora: ¡otro par de patas! Dibújalas despacio y con cuidado. Fíjate en las suaves curvas y los ángulos.

   Al dibujar cada artejo, comprueba su ángulo con la esfera del reloj.

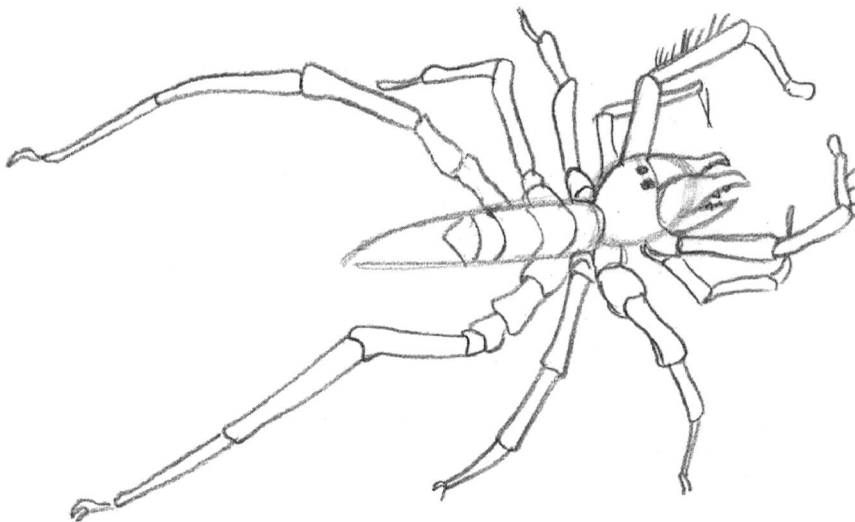

8. ¡Fíjate! ¿Ves alguna diferencia en el último par de patas? ¡Dibújalas!

9. Para terminar este encantador personaje, sombrea con delicadeza el cuerpo y las patas. Haz trazos cortos para dibujar los pelos que sobresalen del cuerpo.

   Para dar el toque final, puedes añadir una pobre hormiga siendo reducida a pulpa…

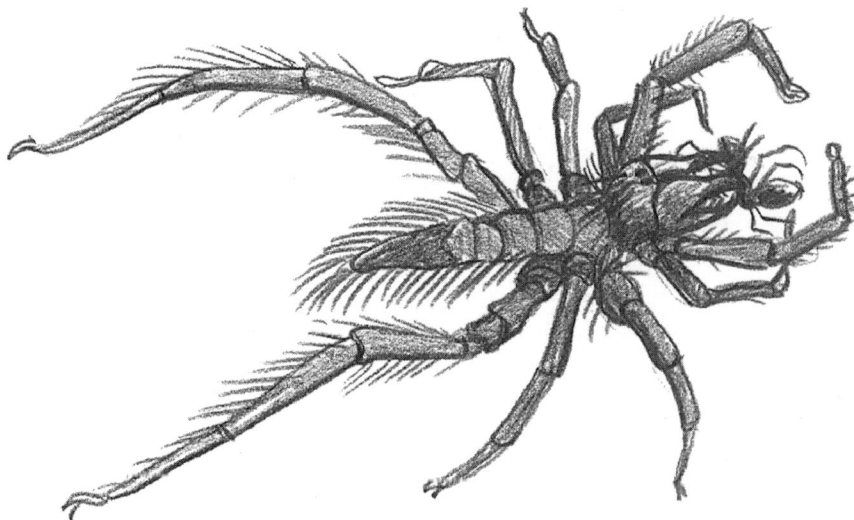

   ¡Espléndido arácnido! Limpia el dibujo con la goma, ponle fecha y guárdalo en tu carpeta.

Caracal

Felis caracal.

África y Oriente Próximo hasta la India. Tamaño: 0,8–1,2 m, cola incluida.

El solitario caracal patrulla su territorio y caza mamíferos (desde ratones a antílopes de tamaño medio), aves, reptiles y pequeños animales domésticos. Las hembras tienen camadas de dos o tres cachorros, que no se independizan hasta los 9 o 12 meses.

1. **¡OJO!** Antes de empezar, mira qué separados están los dos óvalos del cuerpo del felino. Esboza un óvalo casi redondo y otro más estrecho e inclinado. Únelos con las curvas superior e inferior del cuerpo.

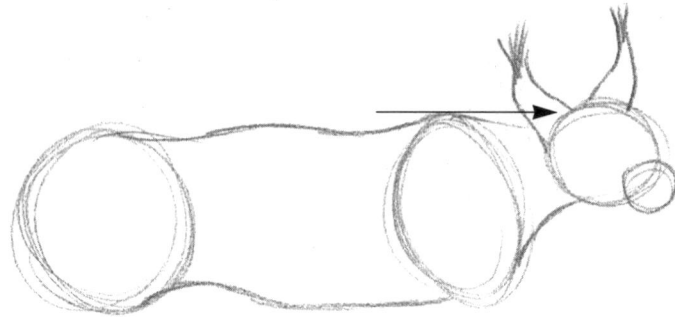

2. Bosqueja el pequeño círculo de la cabeza nivelado con el hombro. Dibuja las orejas con los mechones de la punta. Une la cabeza al cuerpo con los cortos trazos curvos del cuello. Haz un círculo más pequeño para el hocico.

3. Arriba y a la derecha del círculo del hocico, dibuja la nariz triangular negra y bigotes a los lados. **¡OJO** a la diferencia entre los ojos! Desde el hocico, haz una curva hacia arriba y hacia atrás, con el ojo redondo debajo. Dibuja lo poco que se ve del otro.

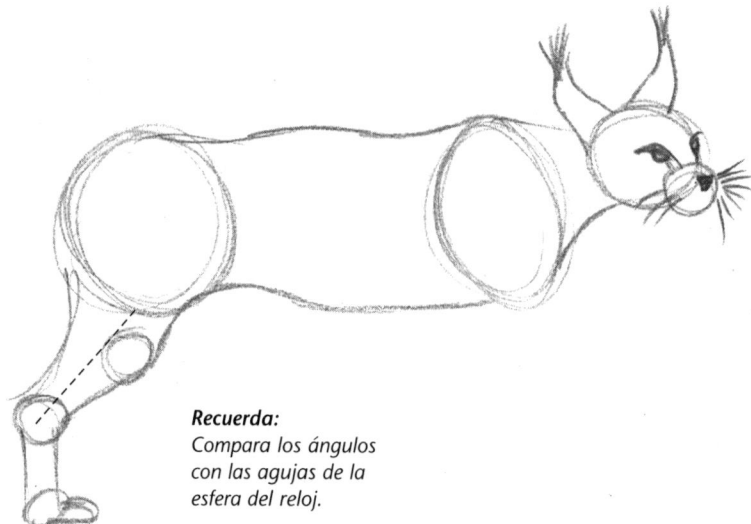

4. Esboza pequeños óvalos para encajar las articulaciones de la pata trasera. Dibuja la pata; presta mucha atención a los distintos ángulos.

¡Nunca aprietes al principio!

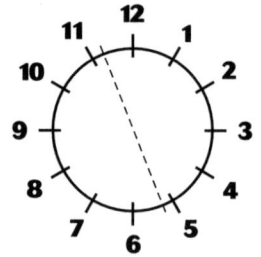

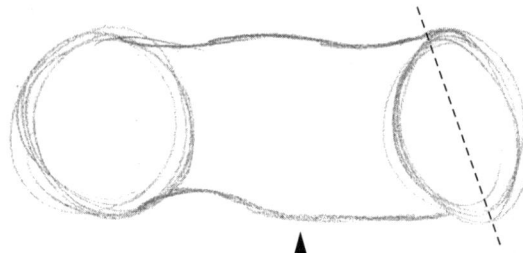

Recuerda:
Compara los ángulos con las agujas de la esfera del reloj.

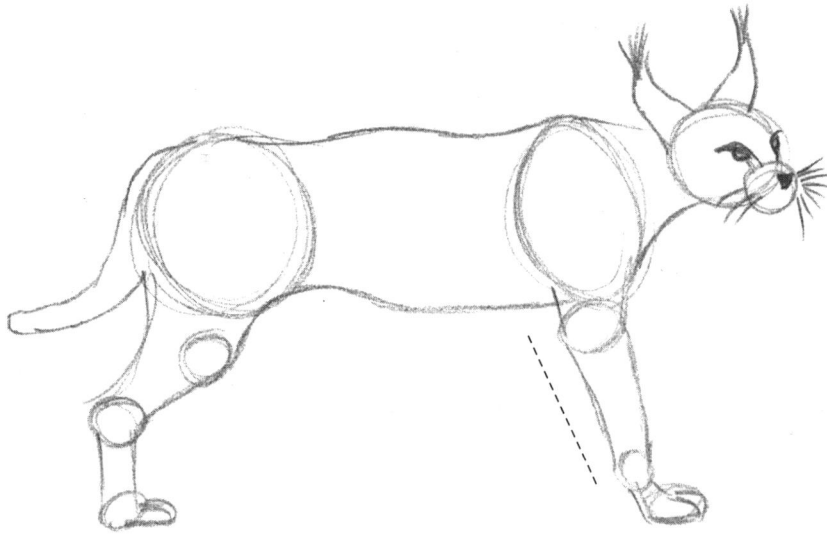

5. Esboza los óvalos de la pata delantera y después dibújala.

   Te será muy útil adquirir el hábito de esbozar con suavidad los pequeños círculos de las articulaciones. Primero, hace que comprendas por dónde se dobla cada miembro; segundo, te ayuda a dibujar los miembros en diferentes posturas si lo necesitas.

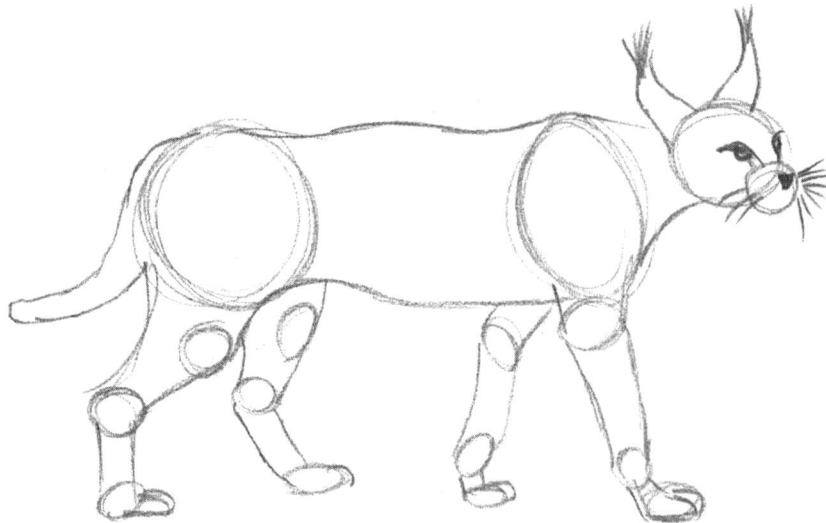

6. Ahora dibuja las otras patas por el mismo método.

7. Para terminar el caracal, haz trazos cortos de lápiz (en la dirección del pelaje) por todo el cuerpo. Localiza las zonas más oscuras y más claras. Tómate tu tiempo.

   Repasa el contorno con un lápiz afilado y limpia el dibujo con la goma. ¡Ponle fecha y guárdalo!

Tapetí

Sylvilagus auduboni.

Norteamérica.
Tamaño: 35–45 cm, cola incluida.

También llamado «conejo de cola de algodón», no es gregario ni excava madrigueras; aprovecha alguna abandonada o se refugia en depresiones poco profundas del terreno. Es más activo por la tarde y de noche, aunque no se aleja del refugio. Cuando se asusta huye a toda velocidad levantando la cola, con lo que se ve su reverso blanco. Los gazapos nacen ciegos y desvalidos tras un período de gestación de 26 a 30 días.

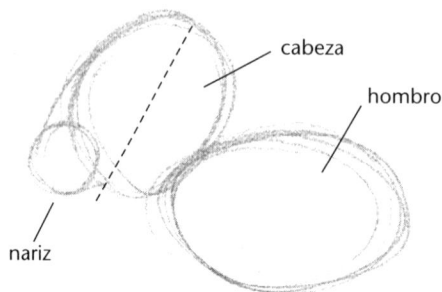

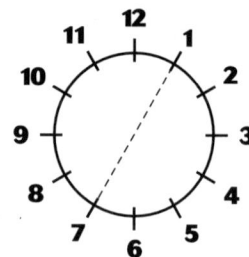

1. Esboza un óvalo horizontal para el hombro y otro inclinado para la cabeza. Bosqueja un pequeño círculo para la nariz y únelo con líneas a la cabeza.

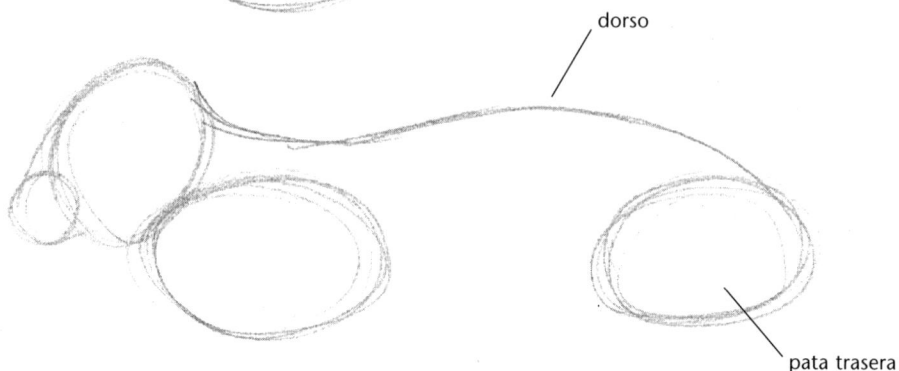

2. Esboza otro óvalo horizontal para iniciar la pata trasera; únelo a la cabeza con la larga y ondulada curva del dorso.

3. Fíjate dónde está situado el ojo en la cabeza. Dibújalo almendrado, con un círculo para el brillo de la pupila. Haz la oreja, casi tan larga como el resto de la cabeza.

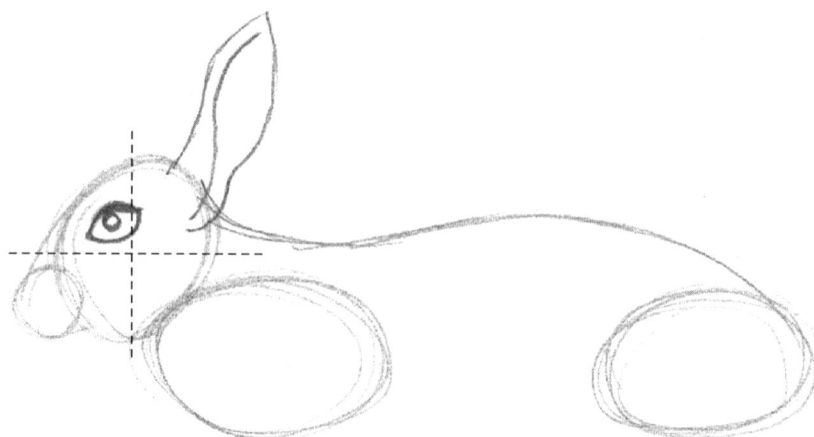

4. Dibuja la segunda oreja. Oscurece el ojo (excepto el pequeño círculo). Añade las líneas del orificio nasal y la boca, y otras para el mentón y la garganta.

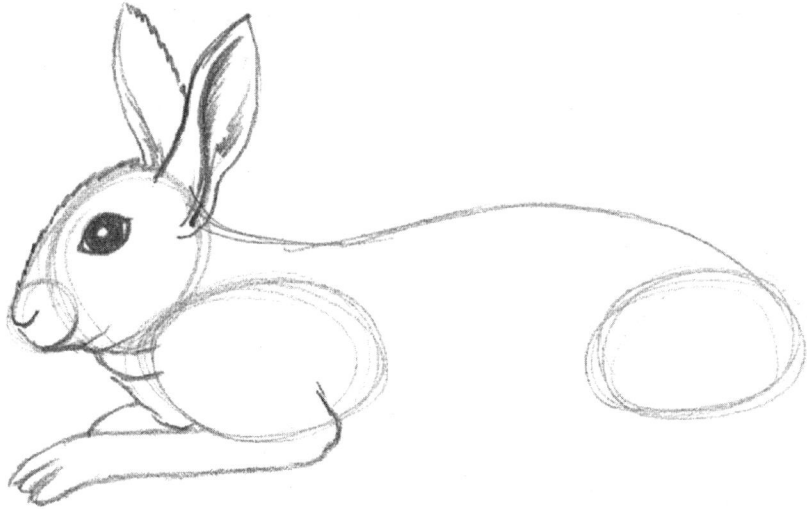

5. Dibuja la pata delantera más cercana a ti con sus dedos, y luego lo poco que se ve de la otra.

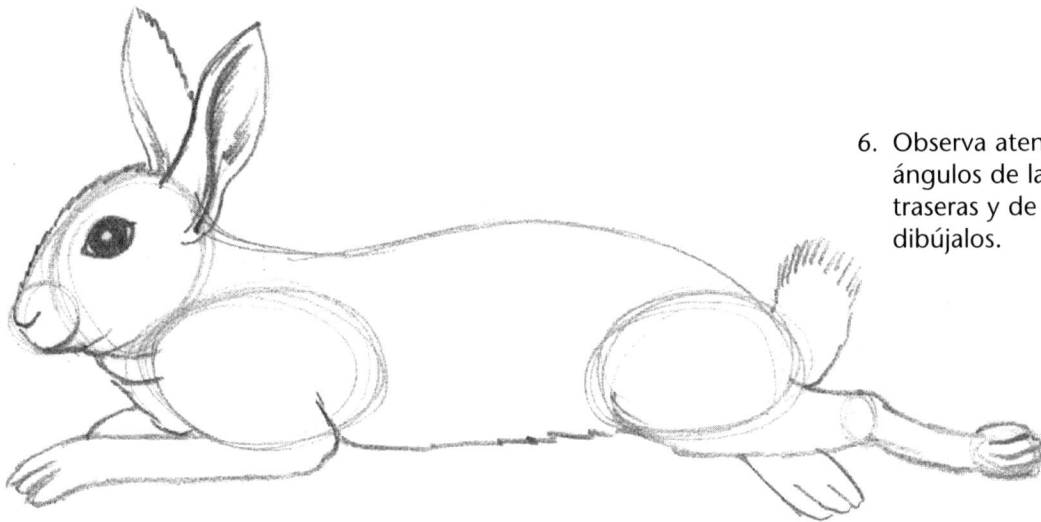

6. Observa atentamente los ángulos de las patas traseras y de la cola; dibújalos.

7. Para acabar el dibujo, haz trazos cortos de lápiz por todo el cuerpo, siempre en la dirección del pelaje. Afila el lápiz a menudo para que las líneas queden nítidas.

Añade los bigotes, y la sombra del conejo en el suelo.

¡Caramba, qué bonito conejo! Pon fecha al dibujo y guárdalo.

Tortuga del desierto

Gopherus agassizi.

SO de Estados Unidos.
Tamaño: hasta 51 cm de largo.

Durante el calor del día, la tortuga del desierto se resguarda en una madriguera subterránea, que puede tener hasta 9 m de largo. Toma toda el agua que necesita de los vegetales de los que se alimenta, como cactus y otras plantas carnosas. ¡Puede subsistir durante toda la estación seca sin agua!

1. Esboza un arco ascendente y otro descendente para iniciar el caparazón; fíjate en el tramo recto del cuello.

2. Esboza suavemente las patas delantera y trasera y la parte inferior de la concha, incluida la punta que sobresale por detrás.

3. Bosqueja el óvalo de la cabeza. Añade el ojo, el cuello con la parte de la concha que tiene debajo, y lo que se ve de la otra pata delantera. Termina las patas: ¡no olvides las uñas!

4. Traza con cuidado la hilera de hexágonos de la parte alta del caparazón.

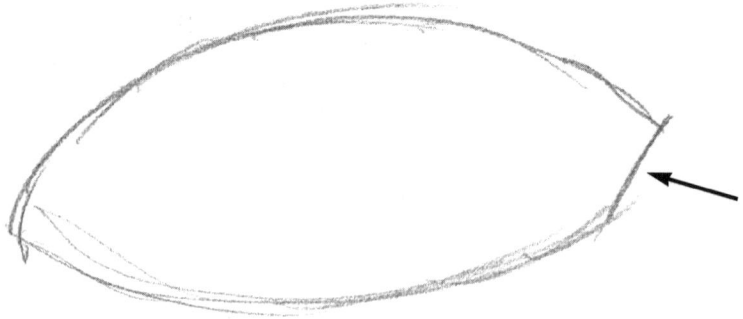

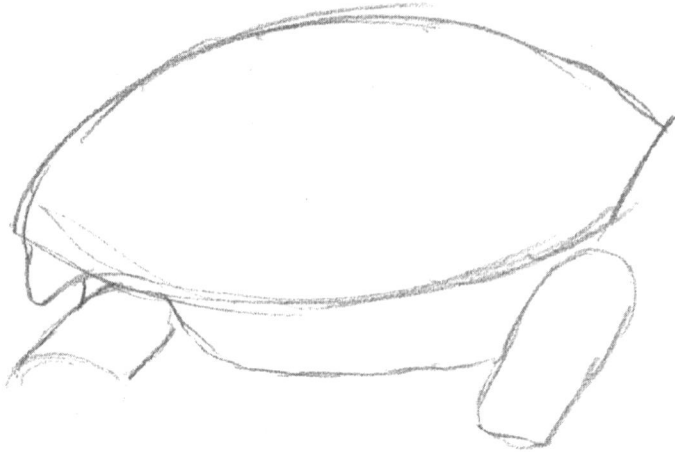

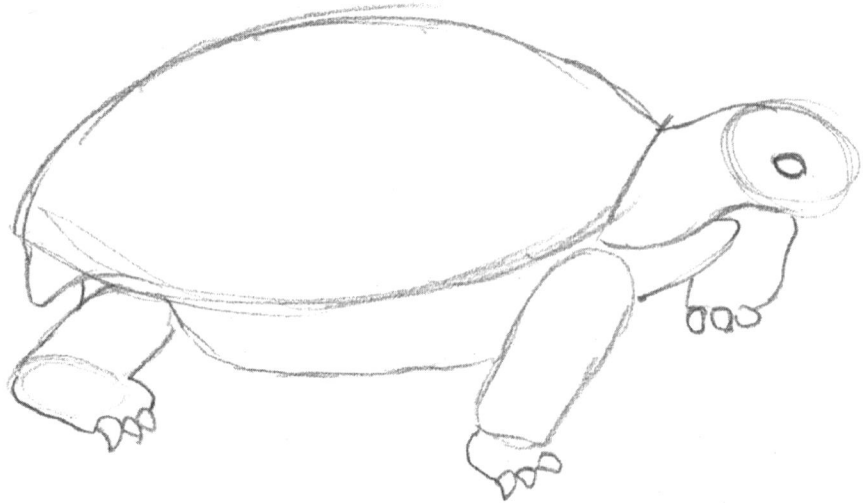

5. Prosigue el diseño hexagonal de la parte superior de la concha, y haz formas rectangulares en la inferior.

6. Sombrea la parte inferior del caparazón. Representa con sombras los pliegues del cuello. Oscurece el ojo, dejando un punto blanco. Dibuja pequeñas escamas en la cabeza, la pata delantera y los pies.

7. El claroscuro da vida a la tortuga. Fíjate en qué partes son las más oscuras y cuáles quedan en blanco.

Añade montones de pequeñas rayas al dibujo de la concha, unas más claras que otras. Pon más escamas en la cabeza, el cuello y las patas.

Dibuja la sombra en el suelo y unos trazos para representar guijarros.

¡Tremenda tortuga! Limpia el dibujo con la goma. ¡Ponle fecha y guárdalo en tu carpeta!

Animales del desierto 21

Crótalo diamantino

Crotalus atrox.

SO de EE UU y norte de México.
Tamaño: 0,76–2,25 m.

El dibujo de la piel de esta serpiente de cascabel no es tan claro como podrías pensar por su nombre. Cierto que en la región dorsal tiene rombos y formas hexagonales, pero para verlos bien tendrías que observarla de cerca *(y, para entonces… ¡ya estará agitando el «sonajero» como advertencia!)*. En conjunto, su aspecto es moteado y polvoriento. La cola es muy llamativa por sus anchos anillos blancos y negros. Cuando ataca, clava los colmillos en su víctima durante una fracción de segundo: tiempo más que suficiente para inyectarle el veneno. Luego se retira a su escondite y más tarde, tranquilamente, sale en busca de su presa.

Este dibujo merece la pena. ¡Disfruta haciendo todas esas sinuosas curvas!

1. Esboza las elegantes curvas de la parte superior e inferior del cuerpo. Únelas con una curva ascendente para el colmillo; haz la boca abierta, con el maxilar inferior extendido.

2. Fíjate bien en la parte trasera antes de dibujarla. Luego añade el otro colmillo y los detalles de la boca.

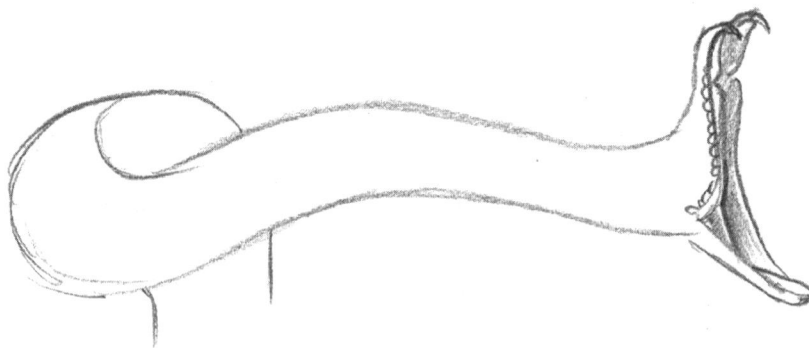

3. Prolonga el cuerpo hacia abajo. Estudia cómo se curva cada línea. Dos de ellas incluso se cruzan (¡OJO!).

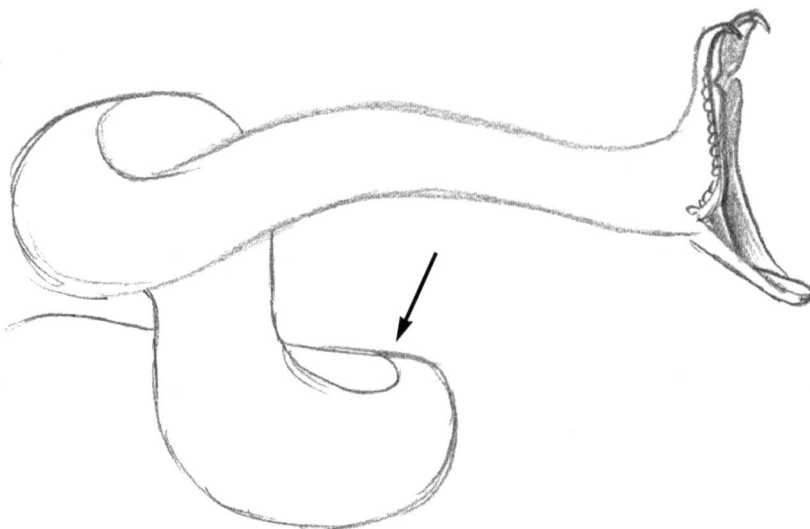

¡Nunca aprietes al principio!

4. Traza curvas para terminar el cuerpo y la cola. Dibuja unos pequeños óvalos para los anillos del crótalo.

   Antes de seguir, observa tu dibujo. La forma de tu serpiente, ¿es armoniosa y realista? Si no lo es, inténtalo de nuevo: practica curvas elegantes y fluidas que se entrecrucen, hasta que te salgan con soltura, antes de dedicarte a hacer escamas y sombrear. Eso sí: guarda los esbozos en tu carpeta (¡con la fecha!).

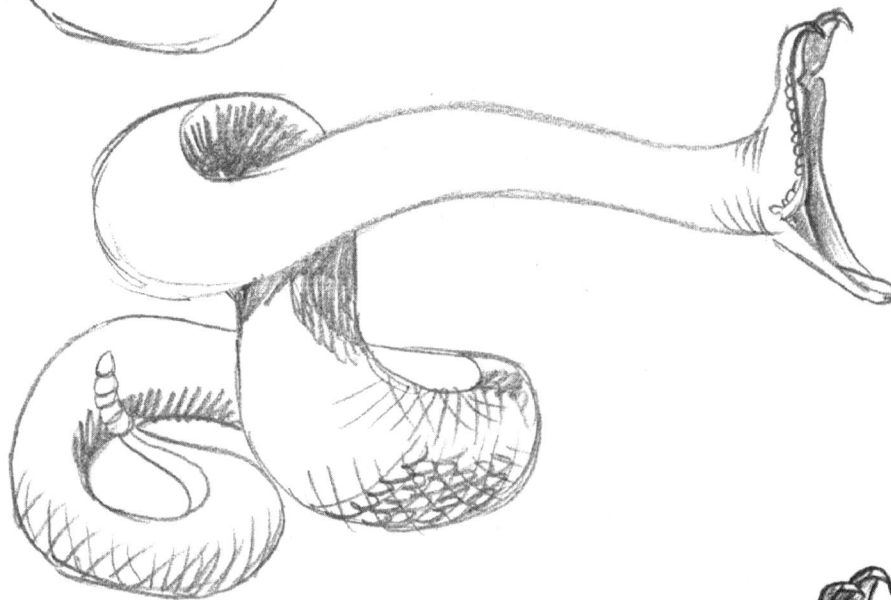

5. Haz una *trama cruzada* (líneas que se cruzan) siguiendo la *forma* como guía para hacer las escamas. Oscurece las sombras con trazos cortos.

6. Sombrea todo el cuerpo: excepto, por supuesto, los brillos (**¡OJO!**) y el delicado dibujo dorsal. Sigue sombreando y añadiendo escamas. Repasa el contorno con el lápiz afilado. Añade las típicas franjas claras y oscuras de la cola.

   Dibuja la *sombra proyectada* en el suelo. Difumínala con el dedo o un trozo de papel.

   Limpia el dibujo con la goma. ¡Ponle fecha y guárdalo en tu carpeta!

Dromedario

Camelus dromedarius.

Norte de África, Oriente Próximo. Tamaño: cuerpo, 2,2–3,4 m; cola, 50 cm.

¡No es un animal salvaje! Los entendidos creen que este camello de una sola joroba fue domesticado ya en el 4000 a.C. Hoy día hay dos tipos: las pesadas y lentas bestias de carga, y los elegantes y veloces animales de competición. Se alimentan de hierba y otras plantas a su alcance, y pueden resistir largos períodos en zonas de vegetación rala sin beber, gracias a una adaptación del tejido que recubre su estómago y riñones. En un experimento, un camello sediento… ¡bebió 104 litros de agua en 10 minutos! La joroba almacena grasa, no agua. Las hembras paren cada dos años. El largo período de gestación (de 365 a 440 días) hace que la cría pueda caminar al día siguiente de nacer.

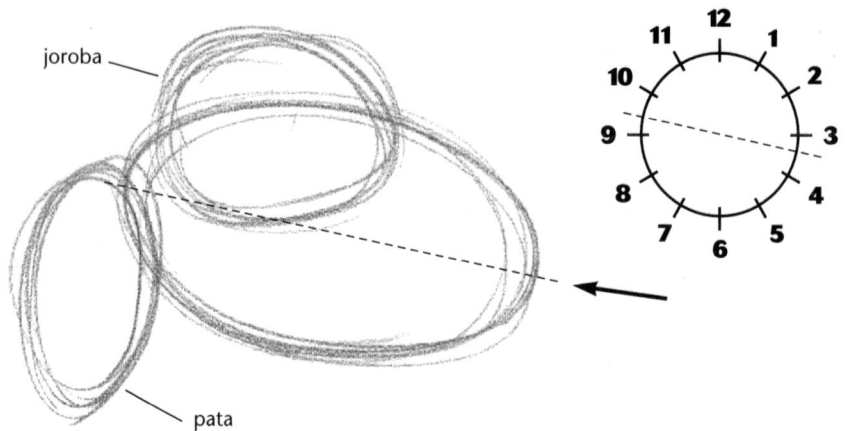

1. Esboza un óvalo grande ligeramente inclinado, otro más pequeño encima (descentrado) para la joroba, y un tercero vertical para la pata trasera.

2. Bosqueja un pequeño círculo para la cabeza enrasado con la joroba. Añade las líneas del hocico. Dibuja la boca y el orificio nasal. Añade el ojo y la oreja. Dibuja las elegantes curvas del cuello (un poco quebradas por el pelo).

3. Dibuja la callosa rodilla en la parte inferior delantera del óvalo de la pata. Esboza los óvalos de las articulaciones. Termina con curvas las patas traseras. Dibuja unas formas casi triangulares para las anchas almohadillas plantares de los pies.

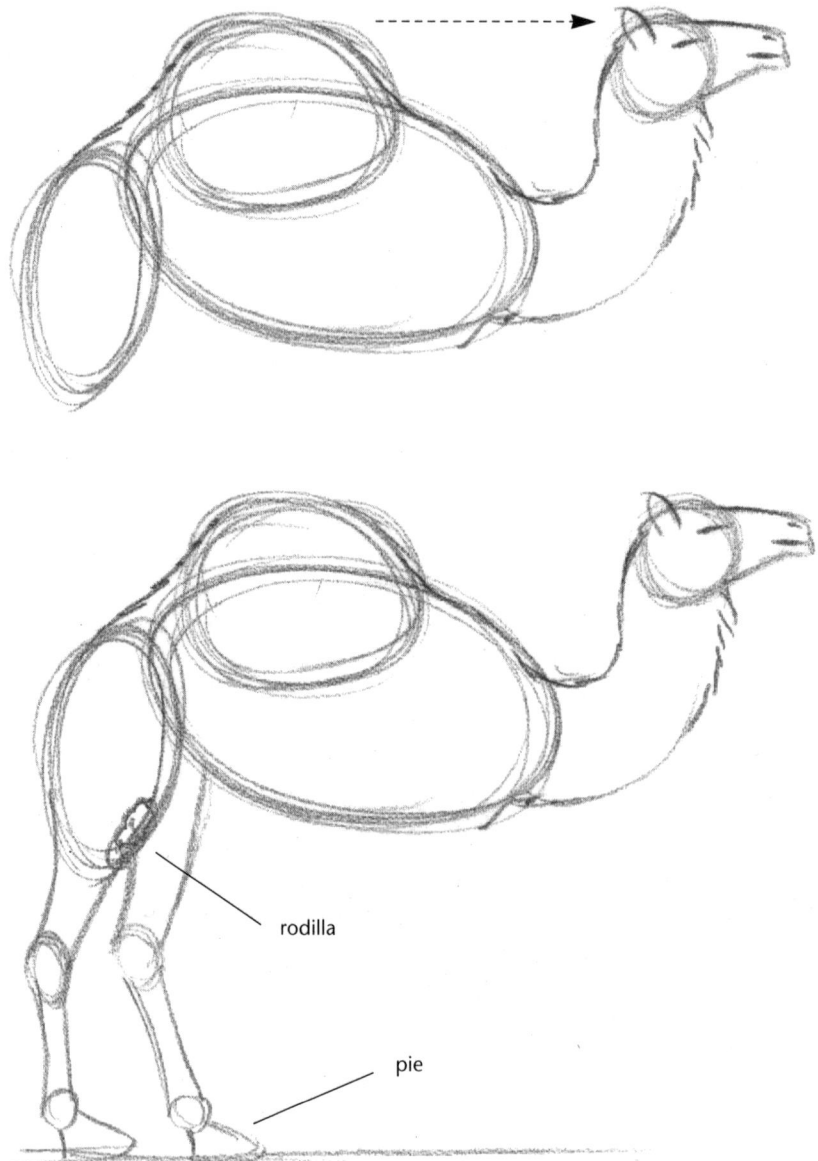

joroba

pata

rodilla

pie

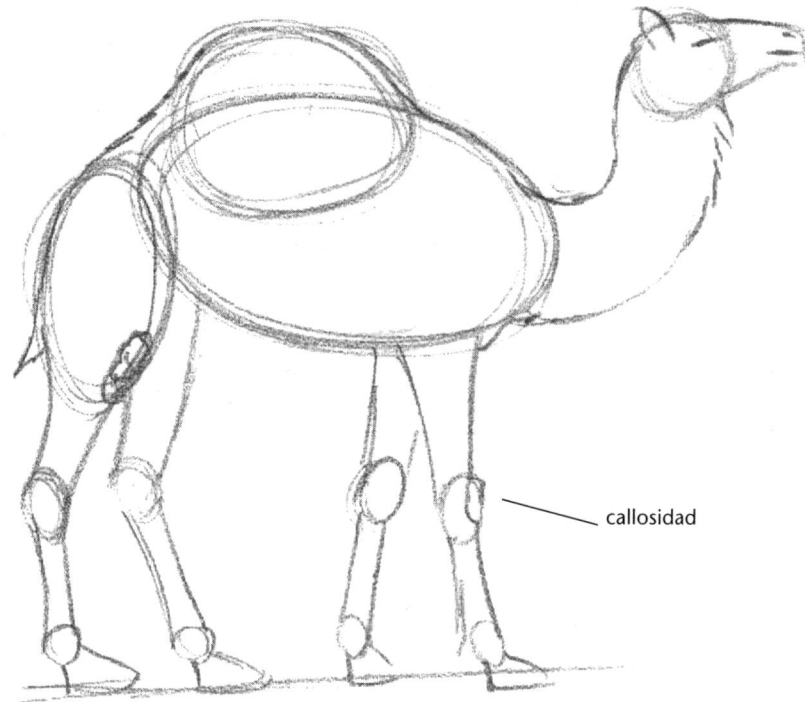

callosidad

4. Ahora añade las patas delanteras. Observa las callosidades; se deben a su forma de arrodillarse para tumbarse y levantarse.

   El camello repliega las patas bajo el cuerpo para no exponerlas al abrasador sol del desierto (fíjate en el esbozo de los camellos bactrianos de la pág. 62). *También su «despensa» (la joroba llena de grasa) aísla el cuerpo del calor.*

5. Borra con cuidado las líneas de guía que ya no necesites.

   Sombrea *sólo* las zonas oscuras con trazos cortos, y siempre siguiendo la dirección del pelo y la forma del cuerpo.

   Repasa el contorno con el lápiz afilado. Añade debajo la *sombra proyectada*; y *(¿por qué no?)* unas pirámides en la lejanía.

   ¡Deslumbrante dromedario! Limpia el dibujo con la goma. ¡Ponle fecha y guárdalo en tu carpeta!

Murciélago egipcio

Nycteris thebaica.

Oriente Próximo, África subsahariana.
Tamaño: cuerpo 4,5–7,5 cm; envergadura, 16–28 cm.

Vuelan alrededor de los antiguos templos egipcios; ¡en pocos de ellos te podrás refugiar! Se alimentan de invertebrados; los escorpiones parecen ser su plato favorito. Suelen parir una sola cría en enero o febrero, aunque pueden reproducirse dos veces al año.

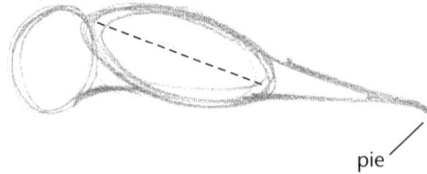

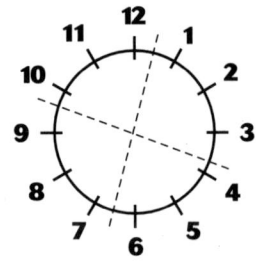

1. Esboza el óvalo aplastado y levemente inclinado del cuerpo, con otro casi vertical delante para la cabeza; únelos por abajo con el trazo del cuello, y prolonga el cuerpo en punta por detrás para hacer el pie.

2. Dibuja la parte frontal del ala hacia arriba desde el cuerpo (compara el ángulo con la esfera del reloj). Esboza unas líneas y pequeños círculos para encajar el brazo doblado.

3. Desde el punto donde se unen las líneas de brazo y ala, dibuja los largos y delgados «dedos» abiertos, formando triángulos. Dibuja el borde posterior del ala y únelo al extremo afilado del pie.

4. Fíjate bien en los rasgos faciales del murciélago: boca, nariz (con el pequeño órgano sensitivo encima) y ojos achinados. Hazlos, y dibuja las orejas.

   Estos rasgos faciales son parte de su «sonar»; además de la vista, usan el eco para moverse y cazar con precisión.

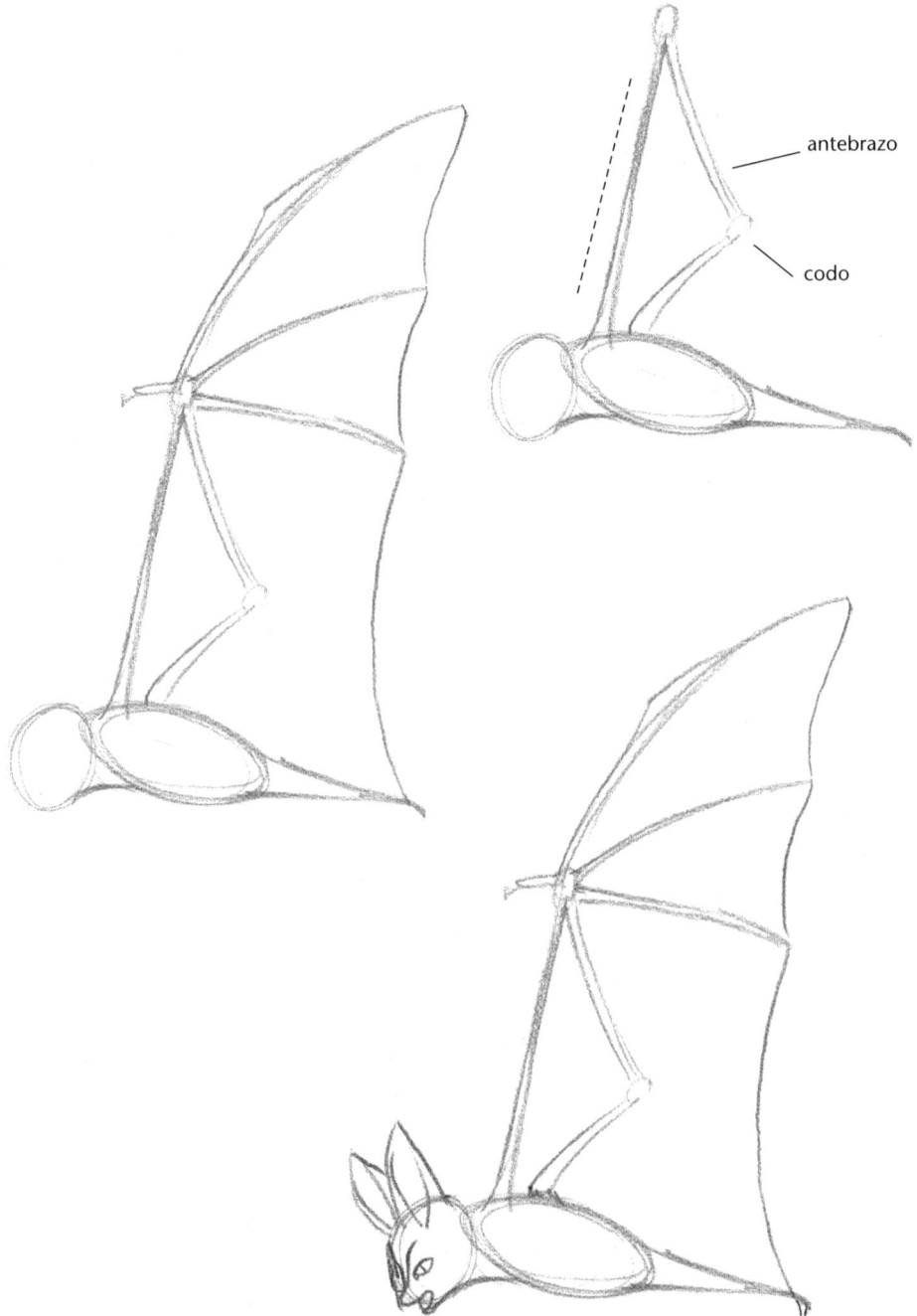

pie

Cuando dibujes óvalos o líneas, compara la inclinación con la esfera del reloj.

antebrazo

codo

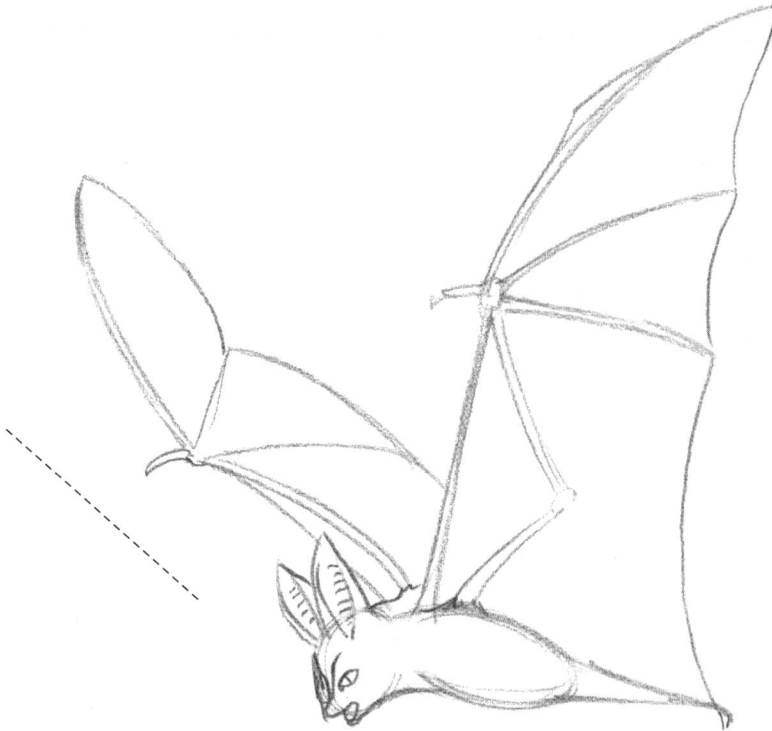

5. Haz unas cortas rayas dentro de las orejas. Detrás de ellas, dibuja el pequeño bulto de la espalda donde se une la otra ala. Fíjate bien en los ángulos de ésta y dibújala.

6. Observa el contraste del claroscuro en este dibujo final.

Utiliza *trama cruzada* para sombrear con delicadeza el ala más cercana. Simula el pelaje del cuerpo con trazos cortos. Sigue sombreando, fijándote en las zonas más claras y oscuras, hasta que lo des por acabado. Luego repasa con un lápiz afilado las líneas que quieras resaltar.

Limpia el dibujo con la goma. ¡Ponle fecha y guárdalo en tu carpeta!

Mochuelo duende

Micrathene whitneyi.

SO de EE UU y México.
Tamaño: cuerpo, 12,5–15 cm.

Aunque es uno de los búhos más pequeños que existen, tiene un canto muy fuerte. Habita en cañones arbolados y desiertos donde se dan los cactus llamados saguaros. Pernocta en agujeros de pájaro carpintero abandonados. Usa sus garras para atrapar insectos al vuelo; también cazan en el suelo: por ejemplo, saltamontes, escorpiones (a los que quitan el aguijón o lo aplastan) e incluso pequeñas serpientes y lagartijas.

1. Esboza un óvalo horizontal para la cabeza y otro debajo, casi vertical, para el cuerpo.

2. Dibuja el pico curvo hacia la izquierda, y dos curvas a cada lado para los ojos.

3. Oscurece el interior de los ojos, dejando un pequeño punto brillante. Cerca del ojo derecho, haz una línea dentada para dar textura al contorno de la cabeza. Sombrea ésta con trazos cortos de lápiz, partiendo del ojo y hacia arriba.

4. Acaba de sombrear la cabeza con trazos cortos y sigue alrededor de los ojos. Dibuja el ala y perfila suavemente las alas.

5. Sombrea el ala, pero deja algunas zonas del plumaje en blanco. Haz trazos cortos y curvos para representar las plumas del pecho y la tripa.

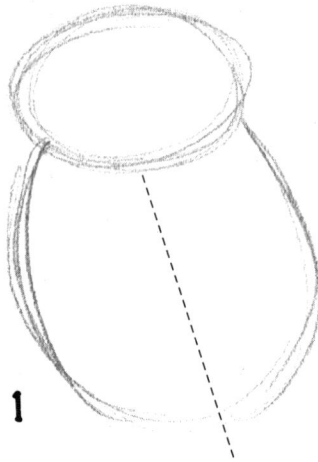

6

7

6. Fíjate bien en las patas: dónde se unen al cuerpo y sus ángulos. Dibújalas, y añade dos líneas para hacer la rama donde está posado el mochuelo.

Dibuja las plumas de la cola.

7. Oscurece el contorno de las patas y la rama. Perfila las plumas de ala y cola. Repasa el cuerpo del búho de arriba abajo y de un lado a otro añadiendo plumas y sombreando; fíjate bien en el claroscuro.

Los mochuelos duende se posan en árboles y arbustos para acechar a sus presas o descansar. A la hora de dormir, buscan un agujero abandonado de pájaro carpintero en un cactus. ¡Trata de dibujar al tuyo metido en un saguaro!

Limpia el dibujo con la goma. ¡Ponle fecha y guárdalo en tu carpeta!

Rata obesa del desierto

Psammomys obesus.

Argelia, este de Arabia Saudí.
Tamaño: cuerpo, 14–18,5 cm; cola,
12–15 cm.

¿Qué hacer cuando no se tiene la comida asegurada? En el caso de este animal, acumular una gruesa capa de grasa en todo el cuerpo cuando abunda el alimento para vivir de ella en épocas de escasez (*¿qué otros animales del desierto acumulan grasa?*). Este pariente de los jerbos es activo día y noche; recoge semillas y vegetales que se lleva a su madriguera.

cabeza

1. Esboza dos óvalos solapados para la cabeza y el hocico, y por detrás el de la parte delantera del cuerpo. A partir de éste, bosqueja la curva del lomo, prolongándola en espiral hasta hacer el muslo trasero. Haz un trazo curvo para la tripa.

2. Dibuja el ojo justo en el centro del óvalo de la cabeza, y la oreja en el extremo; une suavemente este óvalo con el del hocico para hacer el perfil superior de la cabeza.

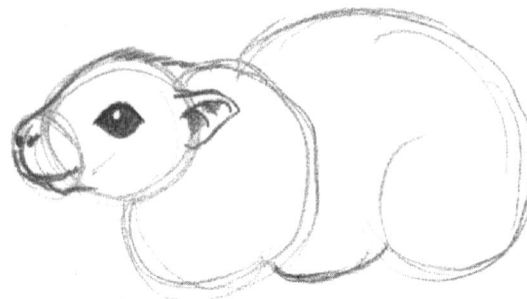

3. Oscurece el ojo, dejando un punto brillante de luz. Dibuja los orificios nasales y la boca. Perfila la parte delantera de la cara.

4. Con el lápiz afilado, traza dos líneas: encima y debajo del ojo. Añade dos patas cortas, inclinadas hacia delante. Dibuja las manos y las uñas.

5. Haz las patas traseras, con un pequeño círculo para encajar la articulación visible. Dibuja los pies y las uñas.

Añade la cola.

6. Haz cortos trazos de lápiz y líneas dentadas para «erizar» el contorno.

Observa el dibujo final: fíjate en qué zonas son las más oscuras. Empieza por ellas, haciendo trazos cortos en la dirección del pelaje.

7. Sigue sombreando. Trata de igualar los tonos (claros y oscuros) del dibujo final.

Repasa el contorno con el lápiz afilado si es necesario y… ¡dibuja los bigotes!

¡No olvides la *sombra proyectada*!

Limpia el dibujo con la goma. ¡Ponle fecha y guárdalo en tu carpeta!

sombra proyectada

Feneco

Vulpes zerda.

Norte de África, Arabia.
Tamaño: cuerpo, 36–40 cm; cola:
20–30 cm.

Los fenecos son zorros que viven en grupos de hasta 10 miembros y se alimentan por la noche de pequeños animales e insectos. Son menudos y ágiles y habitan en madrigueras. En la arena blanda, cavan tan deprisa que… ¡parece que se hunden en ella!

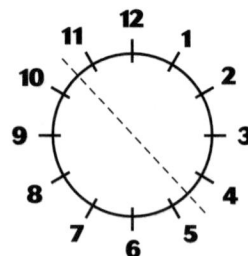

Compara la inclinación de los óvalos y demás ángulos con la esfera del reloj.

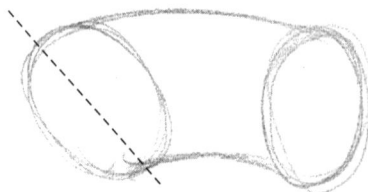

1. Empieza esbozando el cuerpo: dos óvalos largos unidos con curvas.

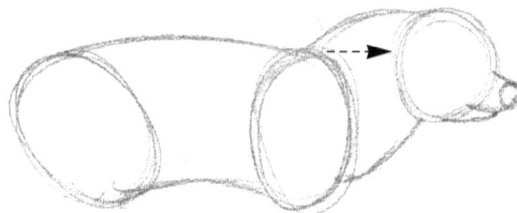

2. Esboza un círculo para la cabeza: fíjate dónde está respecto al hombro (mira la flecha). Añade la nariz y la boca. Date cuenta de que las dos líneas del cuello se curvan hacia fuera: dibújalas.

3. Oscurece la nariz y la boca. Añade el ojo, dejando un pequeño círculo blanco. Dibuja las inconfundibles orejas alargadas.

4. Haz líneas dentadas y trazos sueltos para formar la espesa cola.

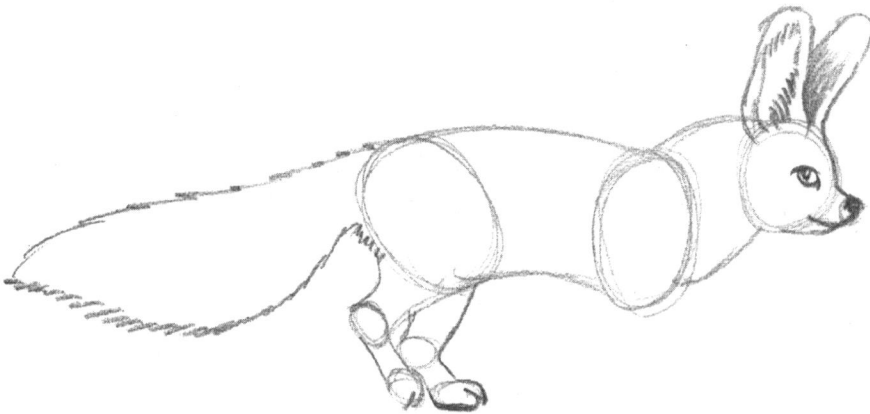

5. Esboza pequeños óvalos para las articulaciones de las patas. Dibuja las patas traseras y los pies; resalta la del fondo, que soporta todo el peso del cuerpo.

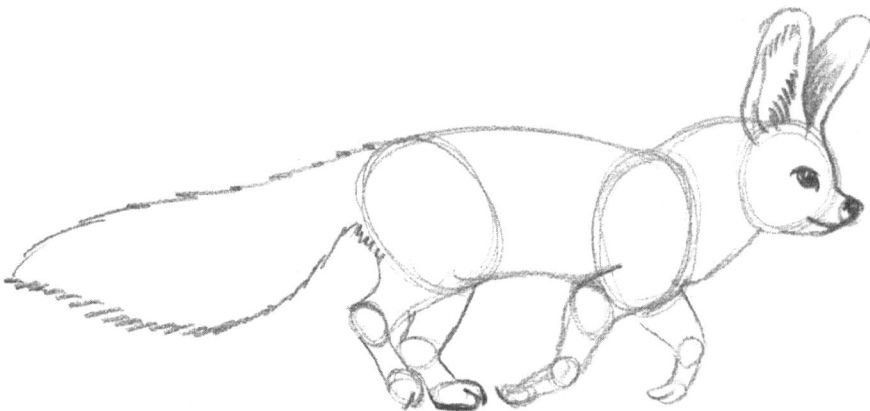

6. Encaja las patas y pies delanteros del mismo modo. Observa que ninguna de las dos toca el suelo.

7. Fíjate en la variación de tonos (claros y oscuros). Representa el pelaje del feneco con cortos trazos de lápiz, pero deja zonas en blanco. Repasa el contorno, resaltándolo donde creas que hace falta.

Añade una suave *sombra proyectada* bajo el zorro. ¡Dibuja los bigotes! Limpia el dibujo con la goma.

¡Fenomenal feneco! Pon fecha al dibujo y guárdalo.

Monstruo de Gila

Heloderma suspectum.

SO de Estados Unidos.
Tamaño: 60 cm.

Este lento animal, más activo de noche, se alimenta de huevos de ave, pequeños roedores y reptiles. La larga cola le sirve para almacenar grasa: en el desierto no abunda la comida (*¿qué otros animales del desierto acumulan grasa?*). El monstruo de Gila y su pariente próximo, el temacuil mexicano, son los dos únicos lagartos venenosos conocidos. Se refugian bajo las rocas o en madrigueras. Las hembras ponen huevos una vez al año, en un agujero, en otoño o invierno. Los huevos eclosionan al cabo de unos 30 días.

1. Esboza tres óvalos alargados.

2. Añade dos patas con garras. Dibuja lo poco que se ve de la otra pata delantera, tras la cabeza. Refina la forma de ésta y une los óvalos con curvas suaves.

3. Una vez encajadas todas las partes, borra las líneas de guía innecesarias (la goma moldeable es la mejor; puedes estirarla y retorcerla, formando una punta muy útil para llegar a sitios difíciles). Dibuja la lengua bífida, el ojo y la boca. Haz las pequeñas rayas de las patas.

4. Observa la cola: tiene franjas claras y oscuras, respectivamente con angulosas manchas oscuras y claras dentro. Dibújalas, y pon escamas en las zonas claras.

5. El cuerpo tiene un dibujo menos regular. ¡Diviértete dibujándolo! Añade la sombra en el suelo, con algunas rocas y ramas alrededor.

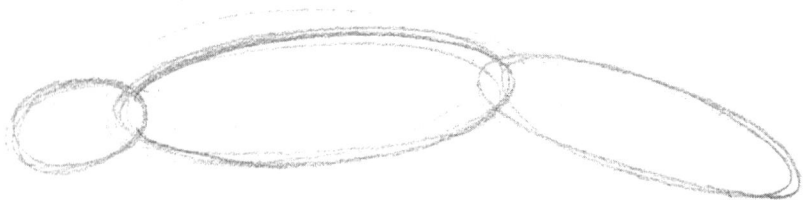

la otra parte delantera

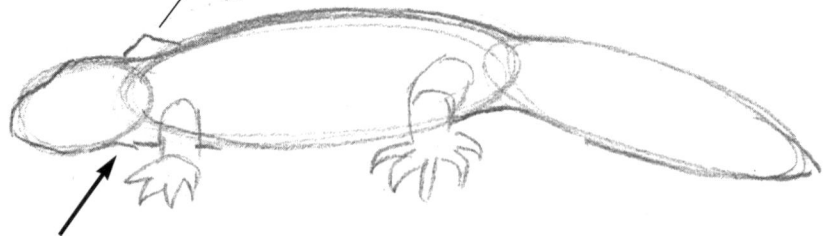

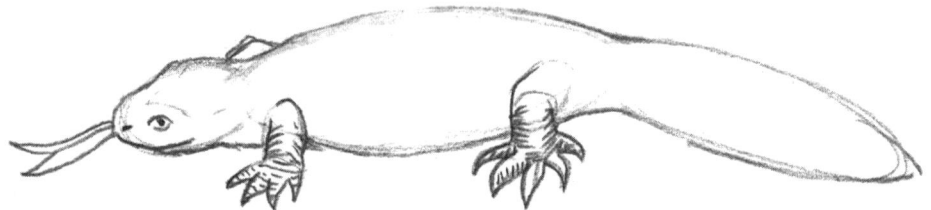

escamas

¡Pon fecha a tu dibujo y guárdalo!

Lagarto cornudo

Phrynosoma douglasii.

Norteamérica.
Tamaño: 4–13 cm.

Éste es el nombre común de un género de lagartos parientes de la iguana, que también se conocen como tapayaryés. La forma del cuerpo se parece a la de un sapo. Por la noche se entierran en la arena y durante el día se mueven lentamente; se alimentan de insectos y hormigas. Cuando se sienten amenazados suelen aplastarse contra el suelo y quedarse inmóviles, aunque también pueden henchirse, dar un salto atrás y sisear; y, a saber por qué, ¡algunos incluso son capaces de expulsar chorros de sangre por los ojos!

cuernos — cabeza

segunda fila de cuernos

pata delantera izquierda

línea de la boca

sombra proyectada

trama cruzada

1. Esboza unas curvas para las partes superior e inferior del cuerpo. Haz la forma inclinada de la parte superior de la cabeza: redondeada por delante y puntiaguda por detrás, para los cuernos.

2. Añade la segunda fila de cuernos. Dibuja el ojo y la línea de la boca. Esboza las dos patas visibles, con sus garras, y las garras de la pata delantera izquierda.

3. *¡Ahora fíjate en los detalles!* Añade una hilera de púas a lo largo del dorso y esparcidas por el cuerpo. Añade las *sombras proyectadas*, para crear contraste, bajo la barbilla y tras los cuernos. Haz las escamas con *trama cruzada.*

Guíate por este modelo y sigue sombreando, añadiendo sombras y *trama cruzada*. Deja la cabeza más clara que el cuerpo: así conseguirás que la cabeza, con el ojo y las púas, sea el centro de la atención.

¡Pon fecha a tu dibujo y guárdalo!

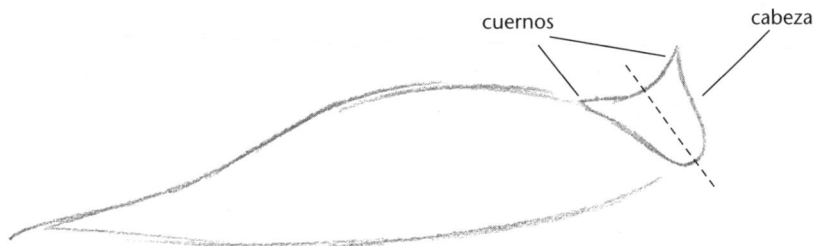

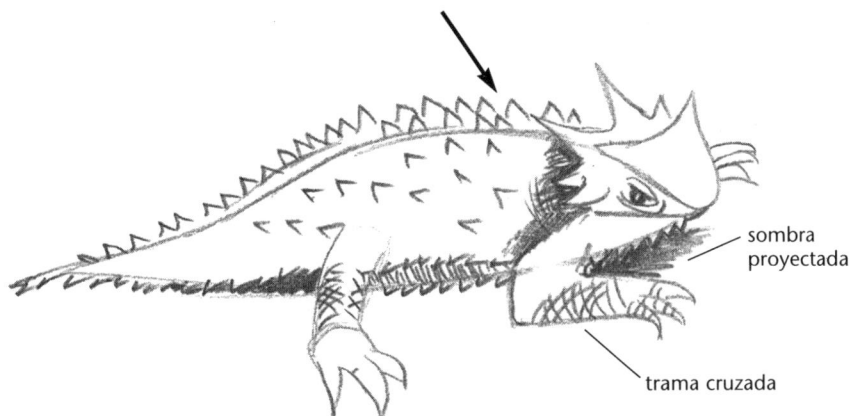

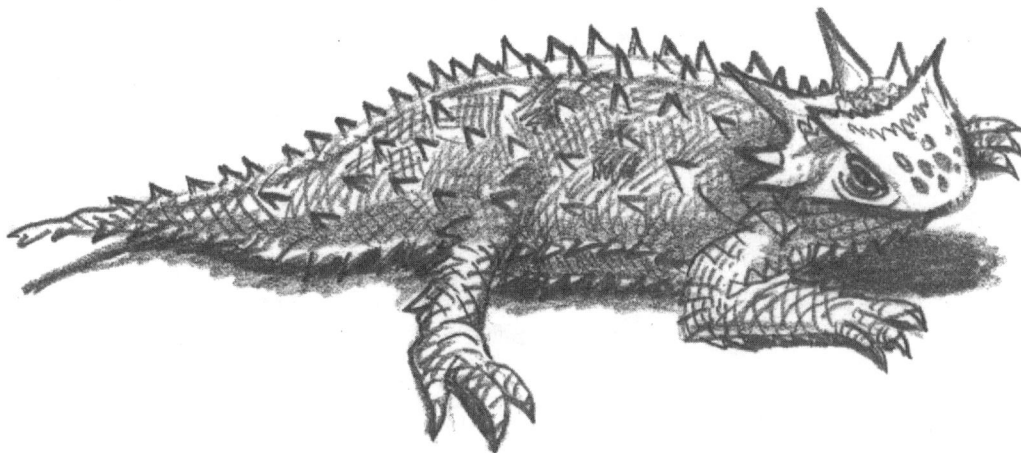

Animales del desierto   35

Jerbo

Dipus sagitta.

Norte de África, Asia.
Tamaño: cuerpo, 10-13 cm; cola, 15-19 cm.

Al igual que la rata canguro de Estados Unidos, los jerbos viven en madrigueras de las que sólo salen de noche, cuando disminuye la temperatura en la superficie. En otoño cavan una madriguera más profunda para hibernar. Las hembras pueden tener hasta dos camadas de 2 a 5 crías en primavera. Los jerbos extraen todo el agua que necesitan de su alimento: semillas, raíces, larvas de insectos, etc.

1. Esboza un óvalo casi horizontal para el cuerpo del jerbo, y otro superpuesto para la pata trasera. Añade otro más pequeño y casi redondo para la cabeza.

2. A partir del óvalo de la pata, empieza a dibujar ésta y haz un pequeño círculo para la articulación del tobillo; continúala desde aquí hasta el pie. Esboza otro círculo pequeño para el codo y dibuja la pata delantera.

Cuando dibujes óvalos o líneas, compara la inclinación con la esfera del reloj.

cabeza

óvalo de la pata

tobillo

codo

Control climático

Los jerbos y sus primas, las ratas canguro, cavan túneles bajo la arena abrasadora del desierto para protegerse del calor diurno. De noche, cuando la superficie se enfría, salen en busca de comida.

¡Nunca aprietes al principio!

3. Dibuja las otras dos patas. Para dar textura peluda al contorno, usa líneas dentadas y trazos cortos. Dibuja el ojo, las orejas y la nariz. Borra las líneas de guía que ya no necesites.

4. Haz un pequeño círculo para el brillo del ojo (fíjate en que ahora parece que te está mirando, y cómo cambia cuando oscureces el resto del ojo).

   Dibuja los bigotes y la larga cola. Añade trazos cortos en las partes más oscuras, siempre en la dirección del pelo.

5. Sigue con el pelaje. Oscurece la punta de la cola y el ojo.

   Realza las patas (¡OJO!) y la cola. Para conseguir que tu jerbo destaque de veras, repasa el contorno con un lápiz afilado y resalta las zonas clave.

   Limpia el dibujo con la goma. ¡Ponle fecha y guárdalo en tu carpeta!

Halcón borní

Falco biarmicus.

Norte de África, Oriente Próximo.
Tamaño: cuerpo, 40–45 cm;
envergadura, 70–80 cm.

Falco significa hoz y se refiere a las curvas garras de los halcones, que vuelan en picado y atrapan pájaros al vuelo. El hombre lleva milenios domesticándolos para obtener comida y por deporte. Los halcones no construyen nidos, sino que ocupan los abandonados por otras aves, o bien ponen sus huevos en cornisas altas.

1. Esboza *suavemente* el largo óvalo inclinado del cuerpo, y encima otro más pequeño para la cabeza. Deja espacio para el hombro (**¡OJO!**) y añade las dos curvas.

2. Dibuja el pico ganchudo, con la muesca curvada propia de los halcones. Traza una línea hacia atrás para la boca. Dibuja la ceja en medio de la cabeza, y debajo el ojo redondo.

3. Esboza ambas patas, cada una con su gruesa parte emplumada. Esboza los dedos con garras. Haz una línea quebrada para la cresta rocosa donde está posado el halcón.

4. Estudia los hombros y alas del halcón antes de dibujarlos. Haz el hombro bajo el pico, y luego las partes externa e interna del ala. Traza la curva de la otra: fíjate en que la punta sobresale por el otro extremo del cuerpo. Haz unas líneas para las plumas de la cola.

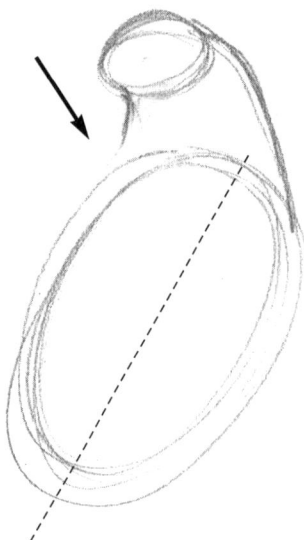

¡Nunca aprietes al principio!

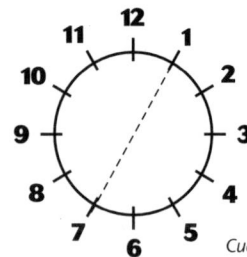

Cuando dibujes óvalos o líneas, compara la inclinación con la esfera del reloj.

parte externa del ala

parte interna del ala

plumas de la cola

5. Borra las líneas de guía que ya no necesites.

   Sombrea la cabeza con mucho cuidado: con el lápiz afilado, haz trazos cortos desde la boca y el pico hacia fuera.

   Sombrea las plumas de la cola. Repasa el contorno de las alas, patas y pies con el lápiz afilado. Haz líneas dentadas y trazos sueltos en el borde de la pata, donde sobresalen las plumas.

6. Observa los detalles y el sombreado de este dibujo. Con el lápiz afilado, haz las manchas de las plumas del pecho, las garras y los detalles de la roca. Cuando el lápiz pierda punta, realiza el sombreado más suave.

   De vez en cuando, apártate un poco y estudia tu dibujo: obsérvalo atentamente y juzga los progresos. ¿Falta algún detalle? Añádelo.

   ¡Hala, qué halcón! Limpia el dibujo con la goma. ¡Ponle fecha y guárdalo en tu carpeta!

Gato de Palas

Felis manul.

Asia Central.
Tamaño: 71–86 cm.

Este esquivo gato montés vive en cuevas, grietas de las rocas o madrigueras de otros animales (como las marmotas) de las que se apodera. Sólo caza de noche, sobre todo ratones, pájaros y liebres pequeñas. El color de la piel varía: gris pálido, amarillento o marrón rojizo. Es el gato salvaje de pelaje más espeso y largo.

Éste es un buen ejemplo del empleo de la forma para dar realismo al dibujo. El cuerpo puede parecer un saco de patatas, pero bajo esa piel hay huesos y músculos. Si eres capaz de imaginarlo, conseguirás que tu dibujo no parezca un «saco de Palatas».

1. Esboza tres círculos superpuestos. No tienes que hacer la parte oculta de cada uno.

2. El cuerpo es bastante fácil, pero la cara puede ser algo complicada, así que hazla primero. Dibuja la nariz triangular cerca del centro, y encima los expresivos ojos.

3. Dibuja las típicas marcas oscuras de las mejillas. Haz la boca, con una sombra debajo. Traza la línea que une la boca y la nariz.

4. Para dibujar las cortas orejas, imagínate una línea que parta de la nariz, siga el contorno de los ojos y llegue al borde de la cabeza: sitúalas ahí. También a partir de la nariz y hacia arriba, dibuja el pelo con trazos cortos de lápiz. Añade las manchas de la frente. Sigue haciendo trazos radiales hacia fuera para el pelo de la cara.

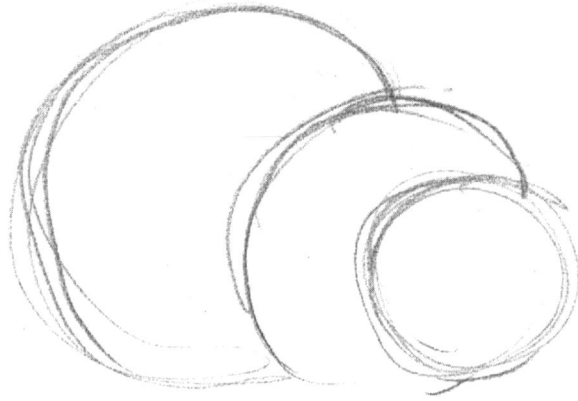

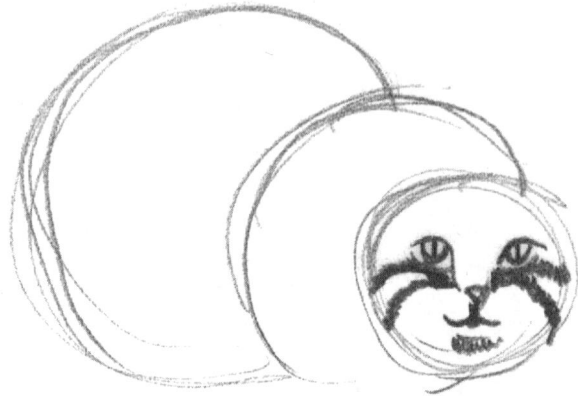

¡Nunca aprietes al principio!

muslo de la
pata trasera

tobillo

5. Esboza un óvalo largo y casi vertical para el muslo, y otro pequeño para encajar la articulación del tobillo; haz la pata trasera y la zarpa. Ahora dibuja la delantera con su zarpa; donde se funde con el cuerpo, sombrea un poco el contorno con trazos cortos para recordar su forma, aunque en realidad no se vea por el pelaje.

   Termina de sombrear la cara y haz los bigotes.

6. Esboza la cola, con sus anillos oscuros. Perfila con cuidado la parte visible de las otras dos patas.

7. Fíjate muy bien en dónde están las zonas claras y oscuras, y sombrea el cuerpo con trazos cortos siguiendo la dirección del pelo. Haz las rayas del lomo y el flanco de manera que realcen la *forma* redondeada. Dibuja la *sombra proyectada* debajo. ¡**OJO** al modo en que las líneas crean textura en la *sombra proyectada!*

   ¡Perrrrfecto! Limpia el dibujo con la goma. ¡Ponle fecha y guárdalo en tu carpeta!

Correcaminos

Geococcyx californianus.

Norteamérica.
Tamaño: 58 cm, cola incluida.

Este pájaro, de la familia del cuco, emprende cortas carreras y luego se detiene súbitamente y mira a su alrededor. Cuando divisa una presa (lagartos, serpientes pequeñas, saltamontes o cualquier insecto) se precipita hacia ella, haciendo quiebros veloces si es necesario. Construye su nido en árboles o cactus; lo reviste con hojas, plumas… ¡o incluso con pieles de serpiente y huesos!

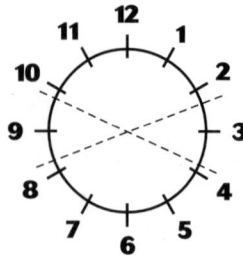

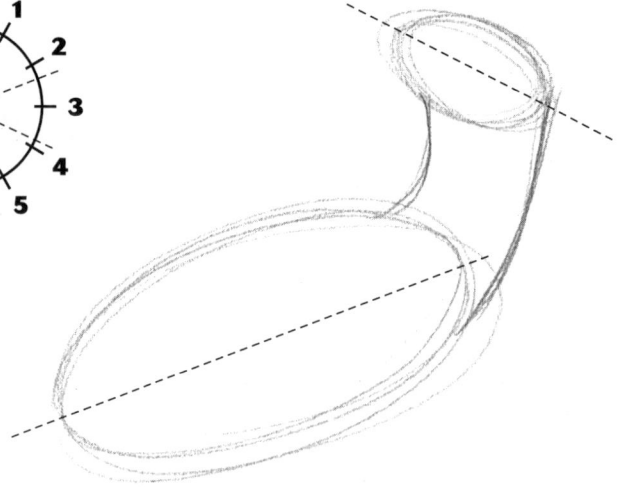

1. Fíjate bien en la inclinación de los dos óvalos: compárala con la esfera del reloj. Esbózalos suavemente y únelos con las curvas del cuello.

2. Dibuja el pico largo y ligeramente curvado. Añade el ojo. Fíjate en la dirección que siguen las «desaliñadas» plumas del cuello. Dibújalas. Añade la mancha oscura detrás del ojo.

3. ¿Ves el lagarto muerto que tiene en el pico? Observa que las patas le cuelgan inertes. ¡Fíjate también en que le falta un pedazo de cola!

   Dibuja el lagarto y después la parte inferior del pico.

borde del ala

plumón

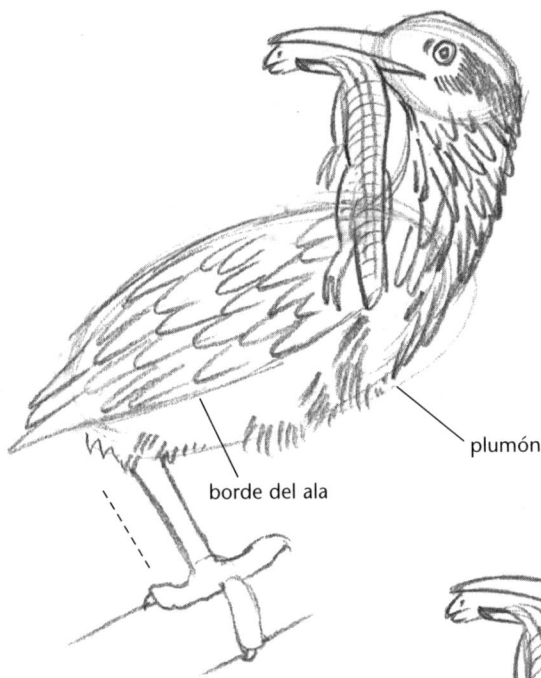

4. Traza una línea para delimitar el borde del ala. Añade las plumas; en el vientre, haz trazos cortos para representar el plumón y diferenciarlo de las plumas del cuello. Fíjate bien en los ángulos de la pata y los tres dedos; empieza a dibujarla desde la parte posterior del cuerpo. No olvides las uñas.

5. Añade la otra pata, que tiene un ángulo distinto. Perfila la rama en la que está posado el correcaminos. Inicia la cola con trazos largos.

6. Haz la cola casi tan larga como el cuerpo. Perfila y oscurece el pico y las plumas de la cola. Sombrea y repasa el contorno de patas y dedos. Usa trazos distintos para dar textura a la rama.

Gracias por posar, correcaminos. ¡Ya puedes cenar tranquilo!

¡Pon fecha a tu dibujo y guárdalo!

43

Ganga del desierto

¡**Nunca aprietes** al principio!

Syrrhaptes paradoxus.

Asia central, sur de Siberia y
Mongolia, norte de China.
Tamaño: 25–48 cm.

Las gangas son parientes de las
palomas. Las que viven en el desierto
comen semillas muy secas, por lo
que necesitan beber a diario. Tras
hincharse a beber, remojan bien las
plumas del vientre y emprenden el
vuelo de vuelta (a veces hasta 30
km) hasta el nido: los polluelos
beben el agua de sus plumas. Estas
aves realizan esporádicamente
grandes migraciones, recorriendo
miles de kilómetros hacia el Este o el
Oeste; nadie sabe por qué.

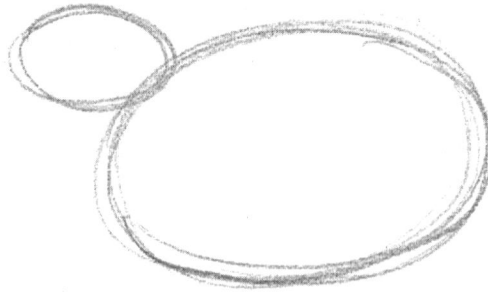

¡Deja sitio para la cola!

1. Observa el dibujo final.
   Antes de empezar, ¡calcula
   bien el espacio para que
   quepa la cola! Esboza dos
   óvalos, para el cuerpo y la
   cabeza.

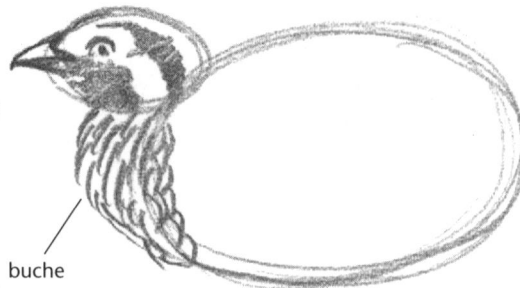

   buche

2. Añade el pico, el ojo y las
   manchas faciales. Haz
   trazos cortos y curvos
   para representar las
   plumas del buche.

3. Añade las curvas del ala y
   la cola. Fíjate bien en las
   patas y dibújalas.

4. El último paso requiere
   observación, paciencia y
   tiempo. Fíjate bien en la
   posición, dirección y
   sombreado de las distintas
   plumas de alas y cola. Haz
   un sombreado «suave»
   cuando el lápiz pierda
   punta; repasa el
   contorno con el lápiz
   recién afilado.

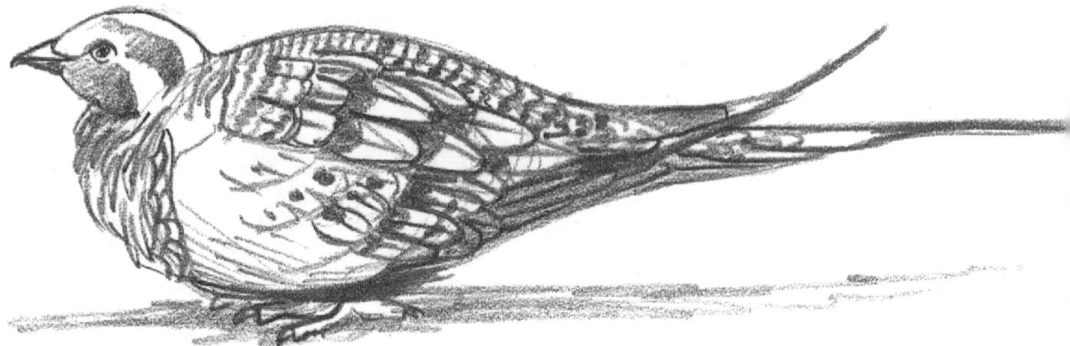

   *Limpia el dibujo con la
   goma. ¡Ponle fecha y
   guárdalo en tu carpeta!*

Escarabajo pelotero

Familia *Scarabaeidae*, África.

Los escarabajos peloteros, o escarabajos del estiércol, se llaman así porque lo moldean en bolitas más grandes que ellos. Las hembras ponen los huevos en el interior, ya que servirá de alimento a las larvas. Estos escarabajos eran sagrados para los egipcios, ya que las bolitas de estiércol les recordaban al sol.

1. ¡Seguro que lo más difícil de este dibujo es que la bola salga redonda! Empieza esbozando el círculo; comprueba si te sale tan bien como a los escarabajos. Luego añade las partes principales del cuerpo de éstos.

2. Fíjate bien en el de delante, en los ángulos de los artejos de las patas. Dibújalas, así como la cabeza y las antenas.

3. Observa el otro: como hiciste con el primero, fíjate bien en el ángulo de los artejos. Dibuja sus patas, cabeza y antenas.

4. Observa cómo brillan los escarabajos mientras que la bola es mate. Presta mucha atención a las luces y zonas oscuras al sombrear y detallar. Haz la *sombra proyectada*.

   Limpia el dibujo con la goma, ponle fecha y guárdalo en tu carpeta.

   ¡Qué bien moldeas!

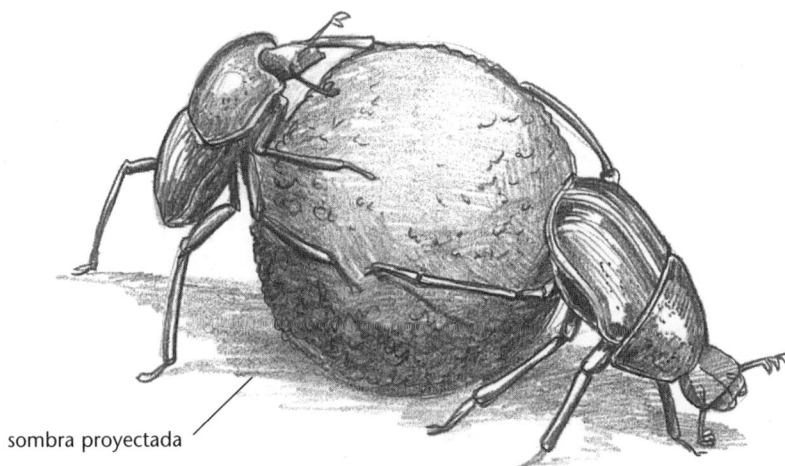

sombra proyectada

Escorpión

Orden *Scorpionida*.

Tamaño: cuerpo, 0,3–8 cm.

Se conocen más de 600 especies de escorpiones. Tienen el cuerpo «de una pieza» y una cola formada por cinco segmentos, al final de los cuales se encuentra el aguijón venenoso. Viven en grietas, pero también pueden cavar su refugio. Son depredadores nocturnos de escarabajos, cucarachas y otros artrópodos. Con las pinzas de los pedipalpos, se llevan la presa a los quelíceros («mandíbulas») y la despedazan. Sólo pican para dominar a una presa grande o que se resiste. El veneno de los escorpiones de los desiertos norteafricanos y americanos es el más peligroso: la picadura de un escorpión del Sahara puede matar a un perro en unos segundos.

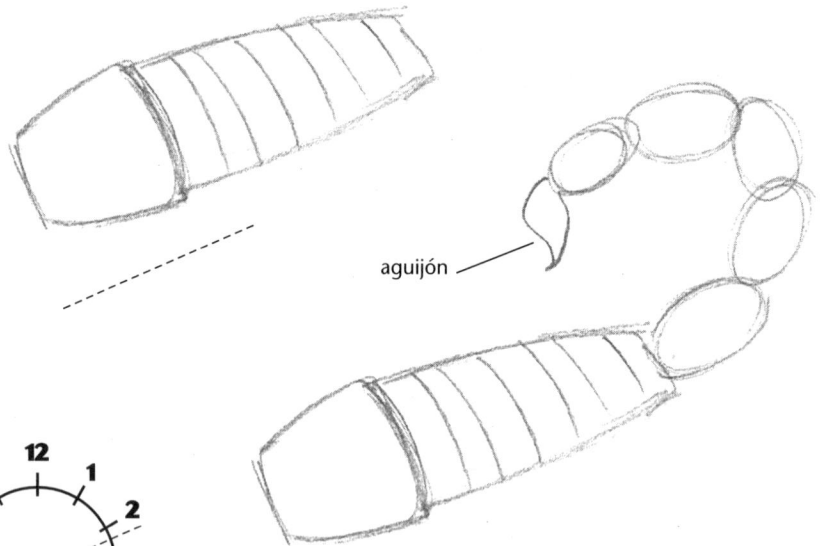

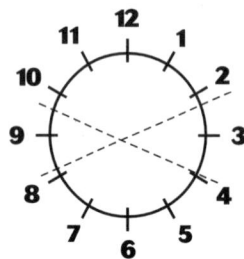

1. Esboza las dos partes principales del cuerpo inclinadas (consulta la esfera del reloj).

2. Esboza cinco óvalos unidos para la cola, con el aguijón al final.

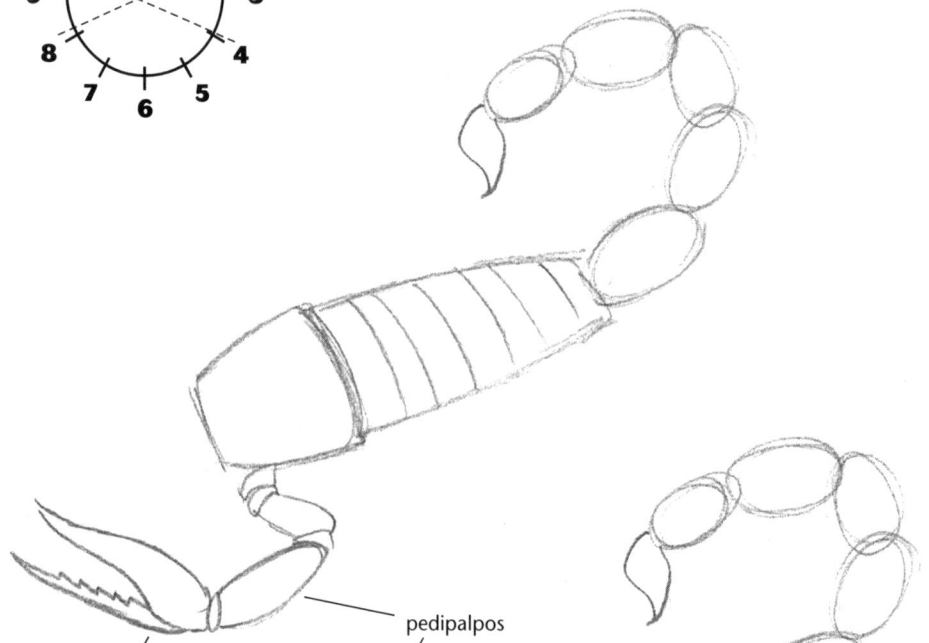

3. Observa que el pedipalpo tiene tres partes grandes unidas por otras más pequeñas. Fíjate bien en el ángulo de cada una *antes de dibujarlas.*

   Dibuja el primero de los pedipalpos con sus robustas pinzas.

4. Añade el otro pedipalpo, y la primera de las patas locomotoras.

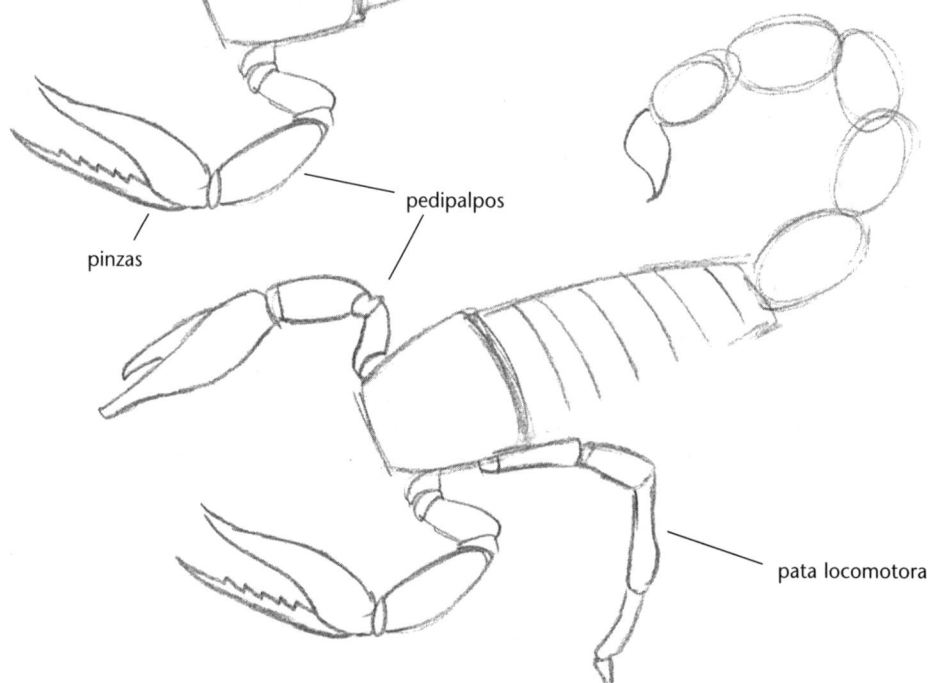

aguijón

pinzas

pedipalpos

pata locomotora

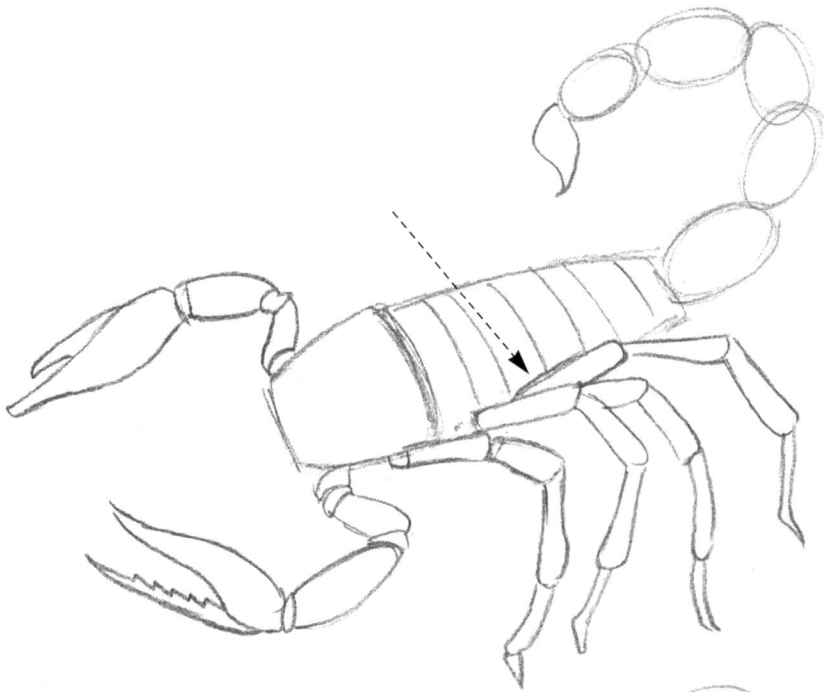

5. **¡OJO!** ¿Te das cuenta de que las otras tres patas *se solapan?* Aunque es más difícil de hacer, el dibujo queda más real: la superposición añade *profundidad.*

   Dibuja las otras tres patas locomotoras.

6. En el otro lado sólo se ve parte de las patas. Obsérvalas bien y dibújalas.

   Compara los ángulos con la esfera del reloj para que las líneas discurran en la dirección adecuada.

   Añade unas rayas a los segmentos de la cola.

7. ¿Qué diferencias ves en el dibujo final? Sombrea *(excepto las zonas en blanco)* y haz debajo la *sombra proyectada.* Pon pelos en la cola y... ¿qué es lo que tiene entre las pinzas? Dibuja el trozo de pedipalpo de otro escorpión que el tuyo ha vencido en una pelea.

   ¡Pon fecha a tu dibujo y guárdalo!

47

Crótalo cornudo

Crotalus cerastes.

SO de Estados Unidos.
Tamaño: 60–70 cm.

El crótalo cornudo tiene un modo
muy peculiar de desplazarse por la
arena del desierto: ¡sólo dos puntos
de su cuerpo tocan el suelo a la vez!
Al moverse así, deja unas huellas en
forma de J. Suele cazar por la noche
lagartijas y roedores, mientras que
de día descansa; bajo un arbusto, o
en la madriguera de otro animal.

1. Comienza el dibujo con
   dos curvas: haz que la
   superior se una a la
   inferior por la mitad.

2. Añade otras dos curvas
   paralelas debajo de las
   primeras. Perfila la cabeza.

3. Añade curvas ascendentes
   para unir los extremos de
   las ya trazadas. Asegúrate
   de que la curva inferior se
   alinea con la del otro
   lado.

4. Traza otras dos curvas
   ascendentes más
   pequeñas para completar
   el otro lado del cuerpo;
   haz el extremo de la cola
   con sus anillos.

5. Fíjate bien en las curvas
   que representan la zona
   ventral: añade en ésta
   líneas de trama.

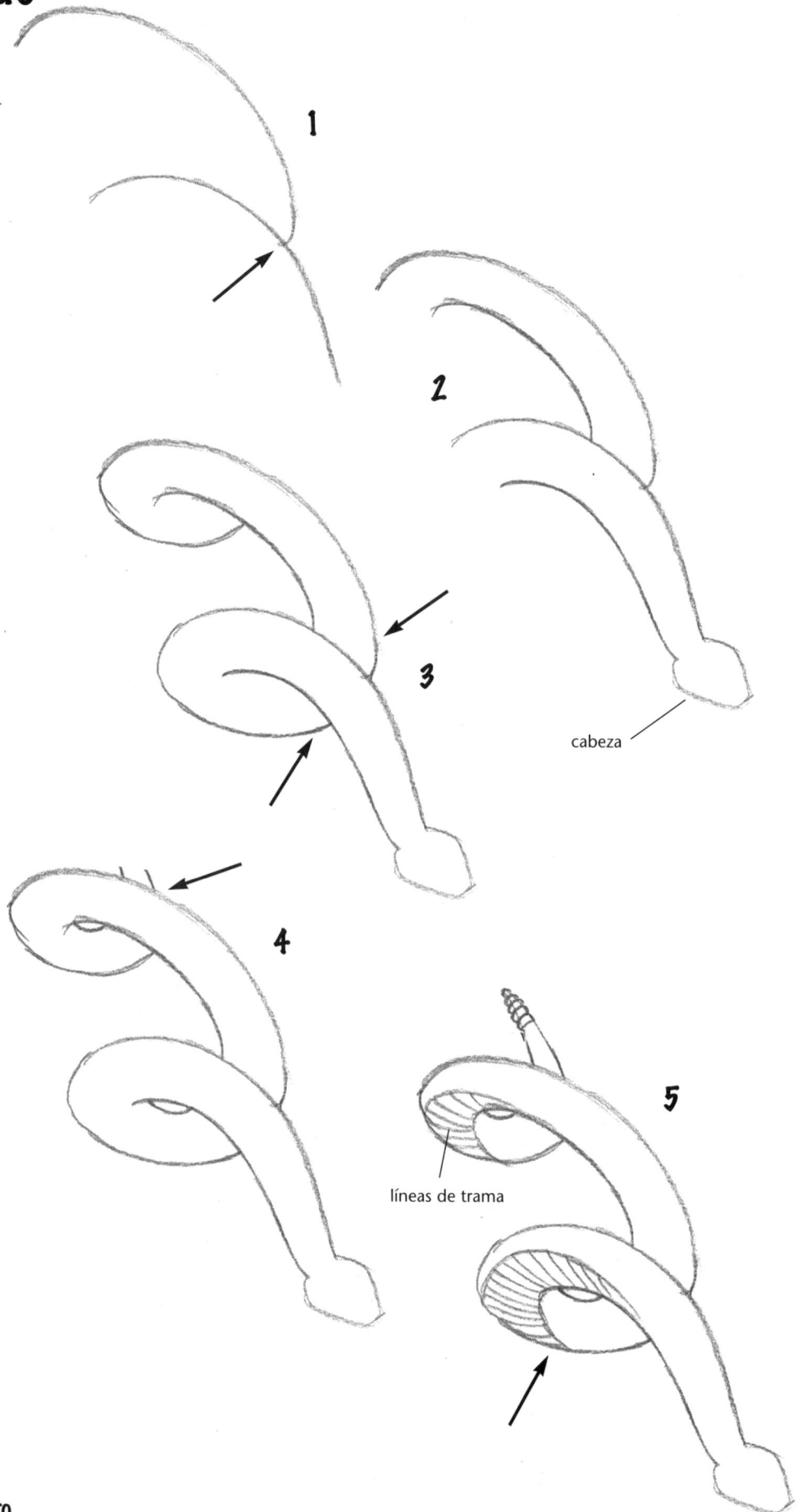

1

2

3

cabeza

4

5

líneas de trama

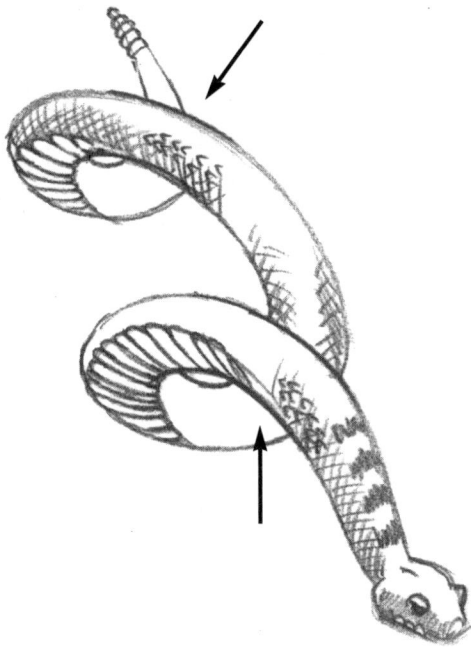

6. Usa *trama cruzada* para realzar la forma del cuerpo; también te servirá de guía para hacer las escamas. Resalta el contorno (**¡OJO!**) en las zonas que se superponen. Haz los ojos, con los «cuernos» parecidos a cejas encima.

7. Antes de dedicarte a las escamas, esboza las huellas en forma de J que deja el crótalo en la arena. Sombrea el suelo con líneas horizontales: da profundidad. Dibuja la *sombra proyectada*.

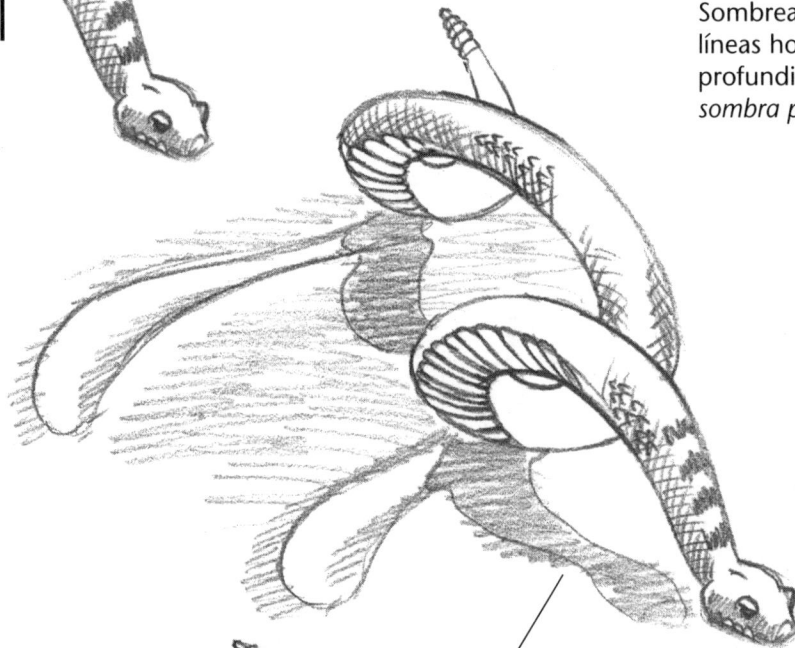

sombra proyectada

8. Oscurece las sombras del rastro de la serpiente, y añade motas en el suelo para darle textura. Repasa la serpiente de cabo a rabo añadiendo escamas, las manchas de la piel y el sombreado.

¡Caray, qué crótalo! Limpia el dibujo con la goma. ¡Ponle fecha y guárdalo en tu carpeta!

Zorrillo manchado

Spilogale gracilis.

Norteamérica.
Tamaño: 33–56 cm.

Estas mofetas normalmente tienen su guarida bajo tierra, pero también trepan a los árboles. No hay dos con el mismo dibujo en la piel. Comen roedores, pájaros, huevos, insectos y frutos. En la parte más meridional (México central) de la zona geográfica en la que viven, se reproducen en cualquier estación del año. Más al norte, paren en primavera de 4 a 5 crías tras cuatro meses de gestación. Antes de expeler su desagradable olor, la mofeta avisa a sus enemigos haciendo el pino.

¡Deja espacio por arriba!

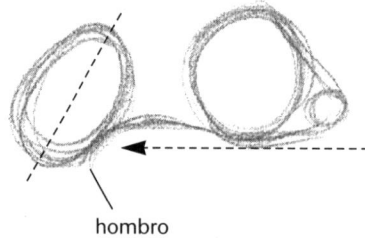

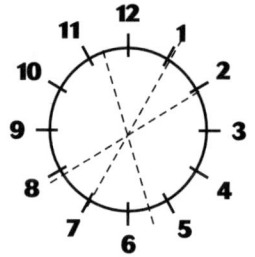

hombro

1. Antes de empezar el dibujo, fíjate en que el óvalo del hombro está un poco más bajo que el de la cabeza. Esbózalos, ¡y deja espacio encima para el resto del cuerpo! Únelos con la curva de la garganta. Haz un circulito para la nariz y traza líneas para unirlo a la cabeza.

2. Desde el óvalo del hombro, traza dos líneas un poco inclinadas para el brazo; encaja la mano con un óvalo y ponle las uñas. Dibuja el otro con su mano, el ojo, la nariz y la boca.

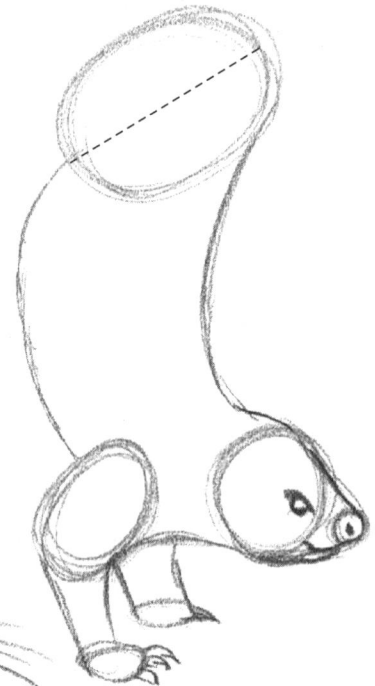

3. Muy por encima de los óvalos de la cabeza y el hombro, esboza otro inclinado más grande para la pata trasera. Únelo con dos curvas a los anteriores: ya tienes el tronco.

4. Encaja la pata con óvalos para las articulaciones; perfílala y haz los dedos. Con trazos curvos de lápiz, dibuja los pelos de la cola: primero hacia arriba, y luego cayendo hacia abajo. Haz la oreja, los bigotes, y unos trazos cortos en el brazo para el pelo.

5. Con el lápiz afilado, repasa el contorno con cortos movimientos adelante y atrás (casi como garabatos) para crear textura en los sitios donde sobresale el pelo. Suavemente, traza el «mapa» de manchas y rayas blancas. Recuerda: ¡todas son distintas!

6. Fíjate bien: las zonas oscuras no son completamente negras. Haz trazos cortos adelante y atrás con el lápiz (siempre siguiendo la dirección del pelo) por todo el cuerpo, excepto en las manchas blancas. Deja las zonas de luz un poco más claras, y las zonas en sombra un poco más oscuras. Cuando consigas sacar los tonos, haz algunos trazos más marcados para resaltar la textura de la piel.

Pregunta:
¿Qué le dirías a una mofeta que estuviera haciendo el pino?

Respuesta:
«Adiós».

Otra:
¿Cómo le dirías «Adiós» a una mofeta que estuviera haciendo el pino?

Respueta:
¡Lo más rápido posible!

¿Se te ha manchado el dibujo? Es fácil que ocurra, pero también es fácil de evitar. Acostúmbrate a cubrir las partes acabadas con un papel limpio sobre el que apoyar la mano para no ensuciarlas.

¡Pon fecha al dibujo y guárdalo en tu carpeta!

Tarántula

América, Europa.
Tamaño: cuerpo, hasta 7,5 cm;
envergadura de patas, hasta 30 cm.

La tarántula es un tipo de araña lobo (Lycosa). Cuando se siente amenazada, puede erguirse sobre sus patas traseras y emitir un sonido siseante. A diferencia de otras arañas, sus mandíbulas se mueven de arriba a abajo en lugar de hacia los lados. Aunque es grande y da miedo, su picadura no es tan peligrosa como se cree; se parece a la de una avispa.

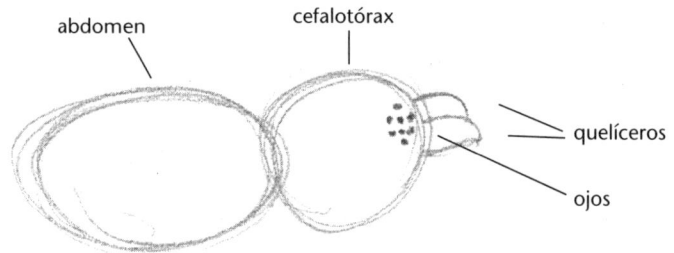

1. Esboza un óvalo horizontal para el abdomen, y al lado otro más redondo para el cefalotórax. Dibuja los ocho ojos y la parte visible de los quelíceros (las uñas apuntan hacia abajo, así que no se ven desde este ángulo).

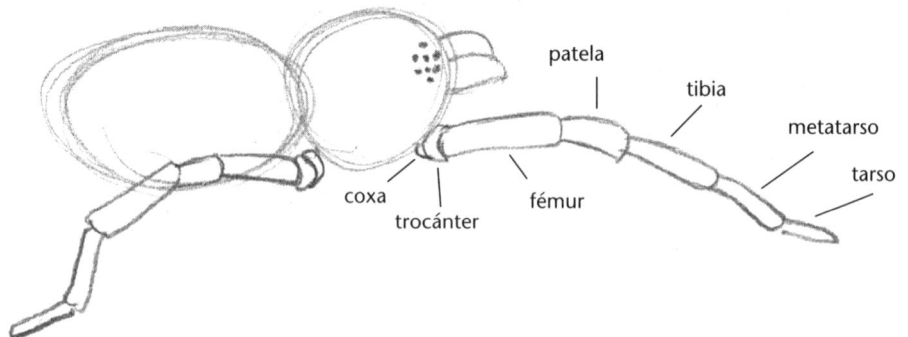

2. Dibuja primero las dos patas extendidas, empezando por la coxa y el trocánter, para pasar luego al fémur, la patela, la tibia, el metatarso y el tarso (¡!).

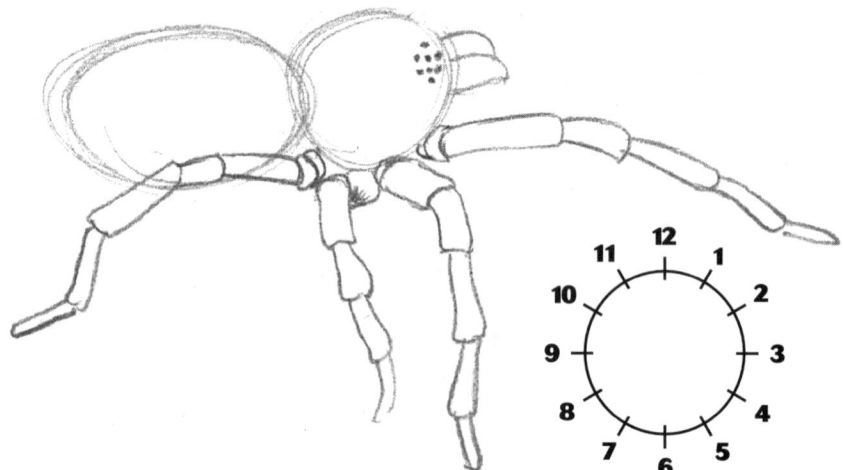

3. Las otras dos patas están en *escorzo* (mirando hacia ti): por eso no puedes ver todas las partes (*¡apuesto a que eso te gusta!*).

   Dibuja las patas como las ves: usa la esfera del reloj como guía para los ángulos.

4. Para dar más definición al cefalotórax, haz pequeñas muescas redondeadas en los puntos donde se unen las patas. Dibuja los gruesos pedipalpos.

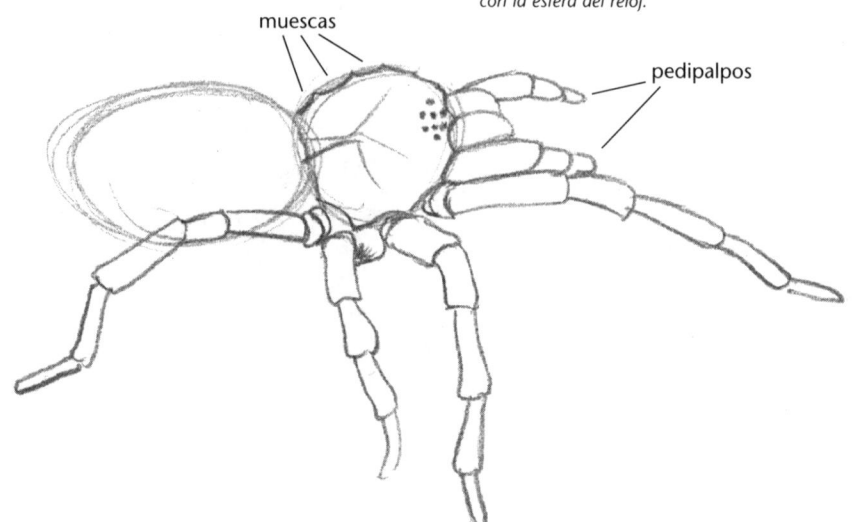

Cuando dibujes óvalos o líneas, compara la inclinación con la esfera del reloj.

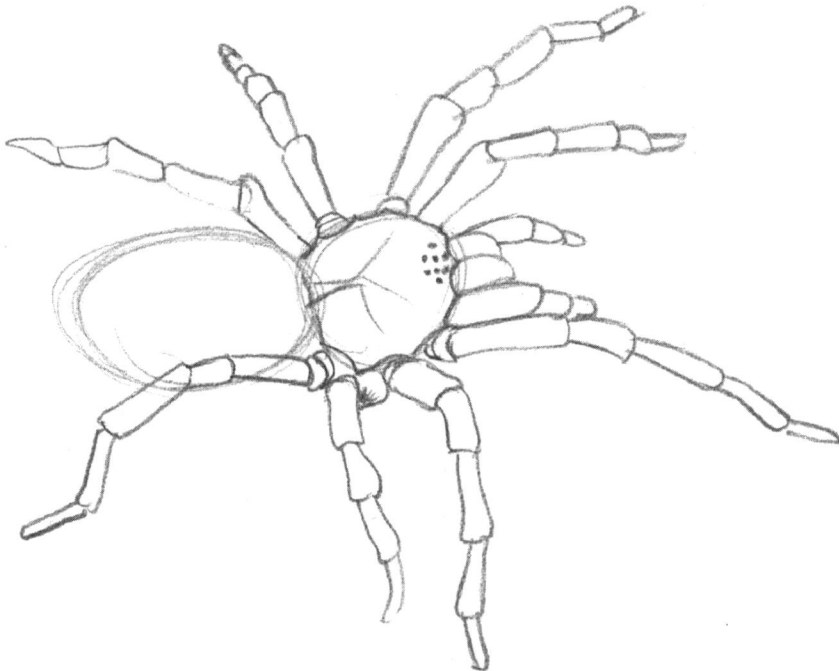

5. Las patas del otro lado te resultarán más fáciles, porque el *escorzo* es menos acusado. Dibuja las partes una por una.

   Como puedes ver, el último paso lleva algún tiempo. ¿Quieres seguir con el dibujo, o prefieres dejarlo como esbozo y empezar otro? Tú eliges. En cualquier caso, aunque decidas empezar de nuevo, ponle fecha y guárdalo.

6. Termina tu tarántula sombreando el cuerpo con el lápiz sin afilar. Luego, con el lápiz afilado, haz los pelos con trazos cortos.

   Con el lápiz también romo (y quizá difuminando un poco con la yema del dedo o un trozo de papel), haz debajo la *sombra proyectada*.

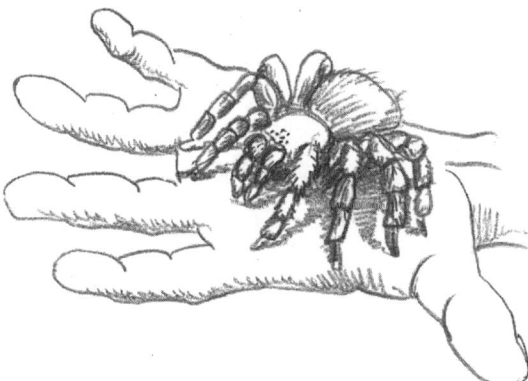

   Puedes divertirte añadiendo una mano para mostrar la escala. Si no sabes hacer manos, tal vez quieras practicar en una hoja aparte; ¡dibújala antes que la araña!

   ¡Terrorífica tarántula! Limpia el dibujo con la goma. ¡Ponle fecha y guárdalo en tu carpeta!

Diablo punzante

Moloch horridus.

Australia. Tamaño: 15 cm.

Este pequeño lagarto del desierto (también conocido como diablo moloch) parece más grande por los pinchos, que mantienen a raya a los depredadores (¿*tú* te comerías algo con pinchos?). Se mueve despacio y le gusta comer hormigas de una en una; por eso se pasa horas junto a un hormiguero. Toma el agua que necesita de las gotas de rocío nocturno que se forman en su piel.

1. Esboza un óvalo alargado y levemente inclinado para el cuerpo, y uno más pequeño para la cabeza inclinado hacia el otro lado. Únelos con las líneas del cuello.

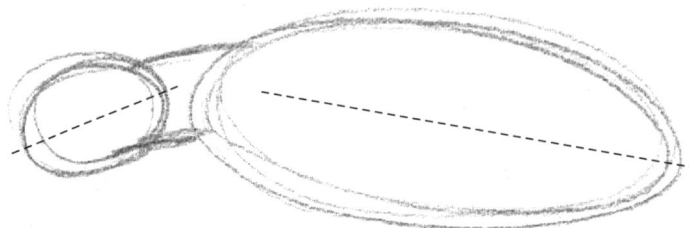

2. Añade unas líneas para las patas y dedos. Dibuja la cola.

   Traza debajo la línea del suelo.

3. ¡Mira este diablo espinoso! Dibuja el ojo y la boca en la parte anterior de la cabeza; añade púas en el mentón y encima de la cabeza.

   Haz una línea dentada en el borde inferior de la cola; pon púas en las patas delantera y trasera, y otras más pequeñas en cada dedo.

sombreado

sombra proyectada

luz

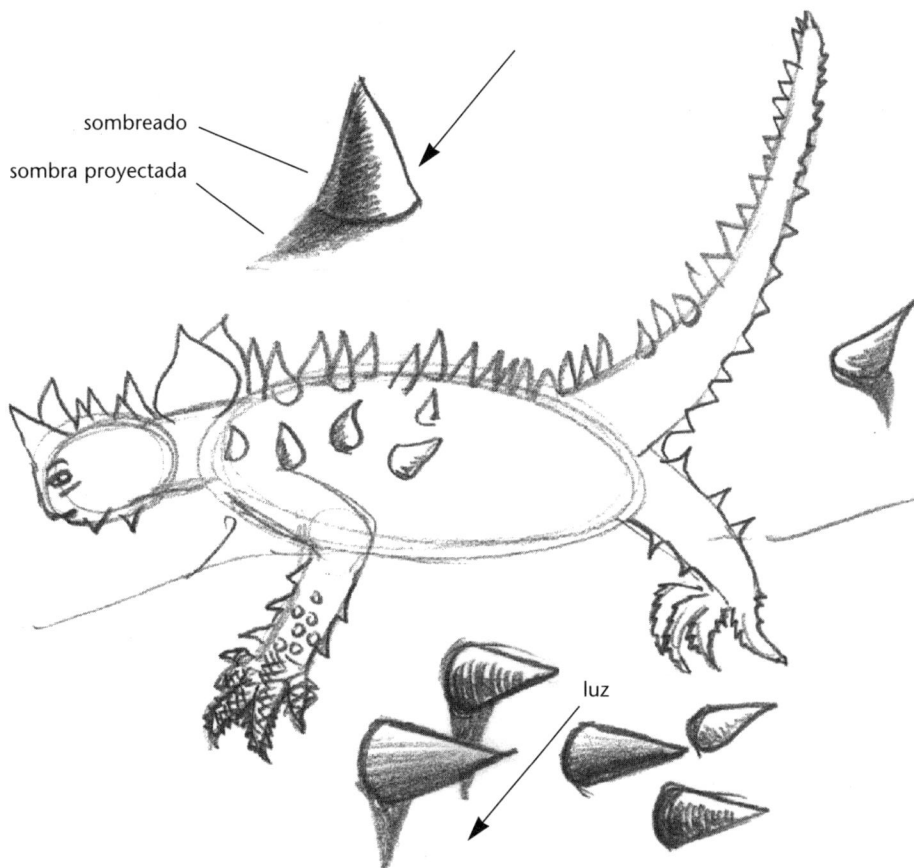

4. Antes de volverte loco con las púas, tómate tiempo para estudiar los distintos conos que ves aquí. Las púas redondeadas del dorso son conos pequeños; no tienes que dibujarlos con tanto cuidado como en los ejemplos, pero te será útil ver cómo son las sombras.

Dibuja más púas en el dorso; añade los pequeños conos.

En las patas, haz pequeños círculos muy juntos para las escamas.

5. ¡Enloquece con las púas! Luego sombrea el cuerpo, con sus zonas oscuras de camuflaje, y añade la *sombra proyectada* en el suelo.

¡Malévolo moloch! Limpia el dibujo con la goma. ¡Ponle fecha y guárdalo en tu carpeta!

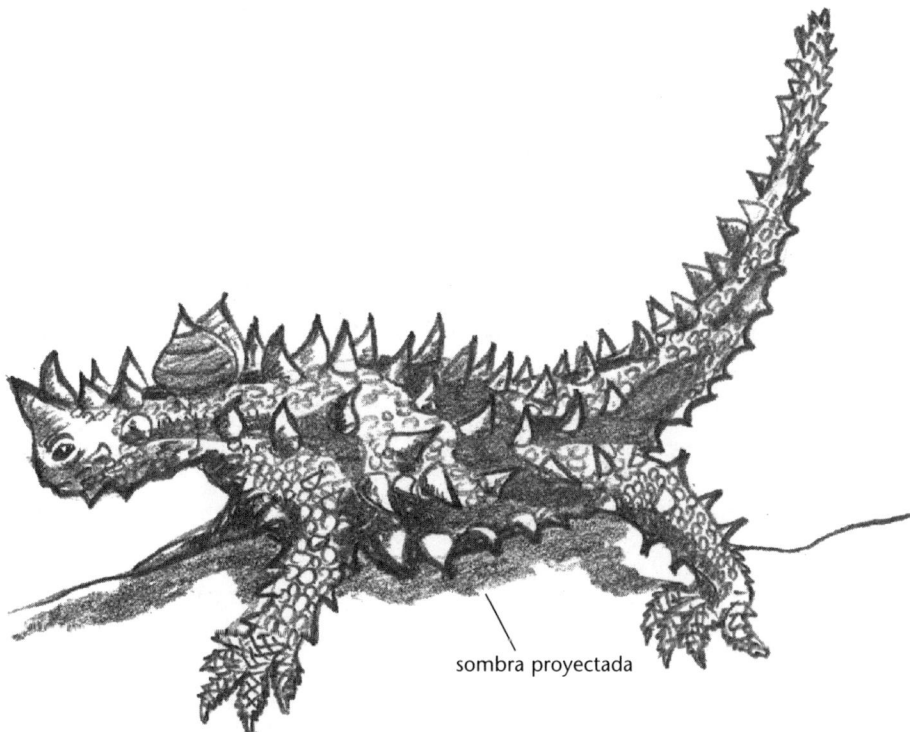

sombra proyectada

Araña minera

Familia Ctenizidae.

Todo el mundo.

Estas arañas cavan madrigueras y cubren la entrada con una trampilla abisagrada hecha de seda tejida por ellas mezclada con tierra. Entonces se sientan a esperar que pase cerca un insecto despistado y… ¡ZAS! Abren la puerta, saltan sobre el insecto y lo arrastran al túnel para matarlo y zampárselo.

1. Empieza el dibujo con dos formas en «L» invertidas para las paredes del túnel. Esboza los dos óvalos del cuerpo de la araña; abdomen y cefalotórax.

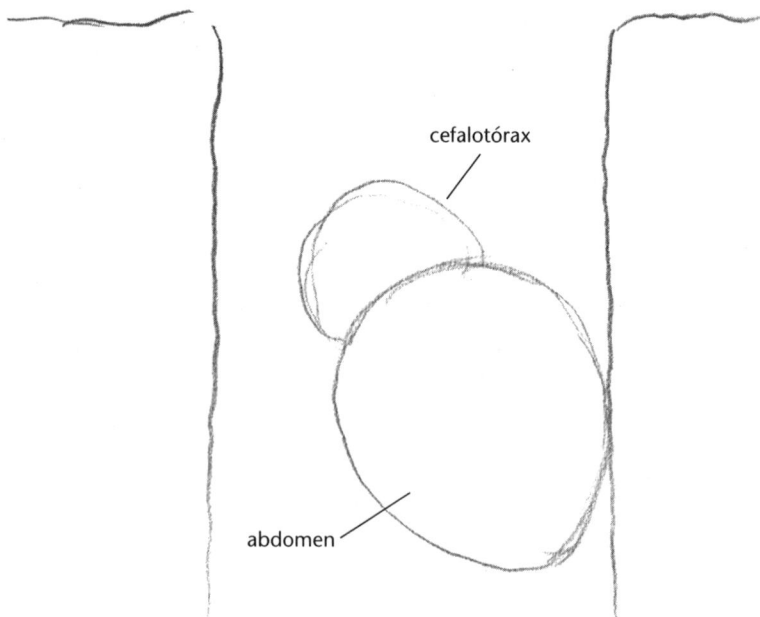

cefalotórax

abdomen

2. A partir del cefalotórax, dibuja dos patas articuladas orientadas hacia arriba. Añade los pedipalpos, ocho ojos diminutos y los quelíceros (desde esta perspectiva no se ven las uñas venenosas).

   Fíjate en la forma irregular de la trampilla; dibújala. Traza una línea para el borde del túnel.

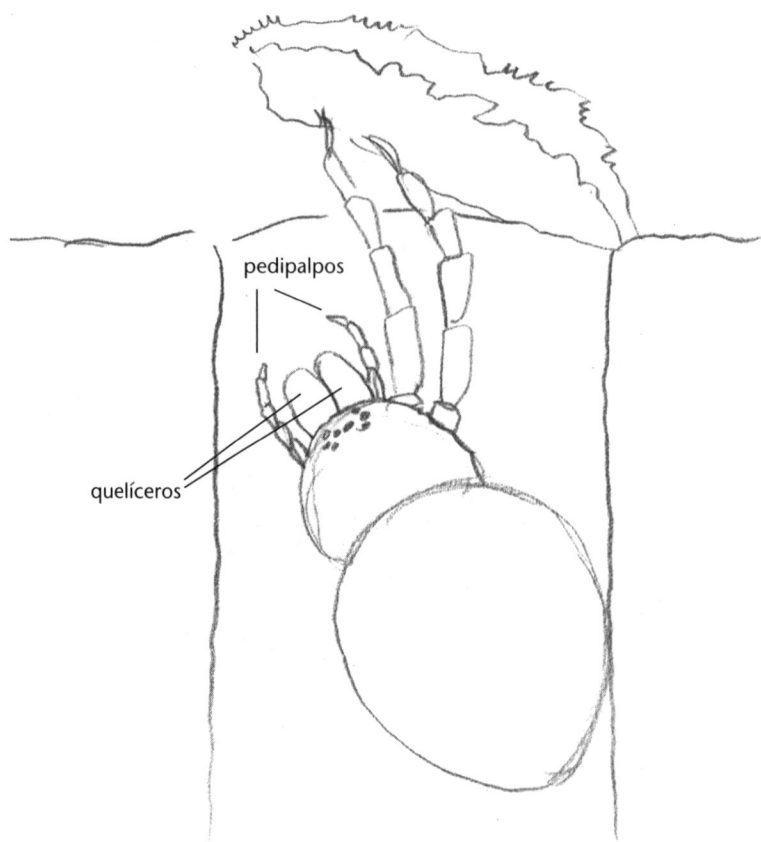

pedipalpos

quelíceros

¡Nunca aprietes al principio!

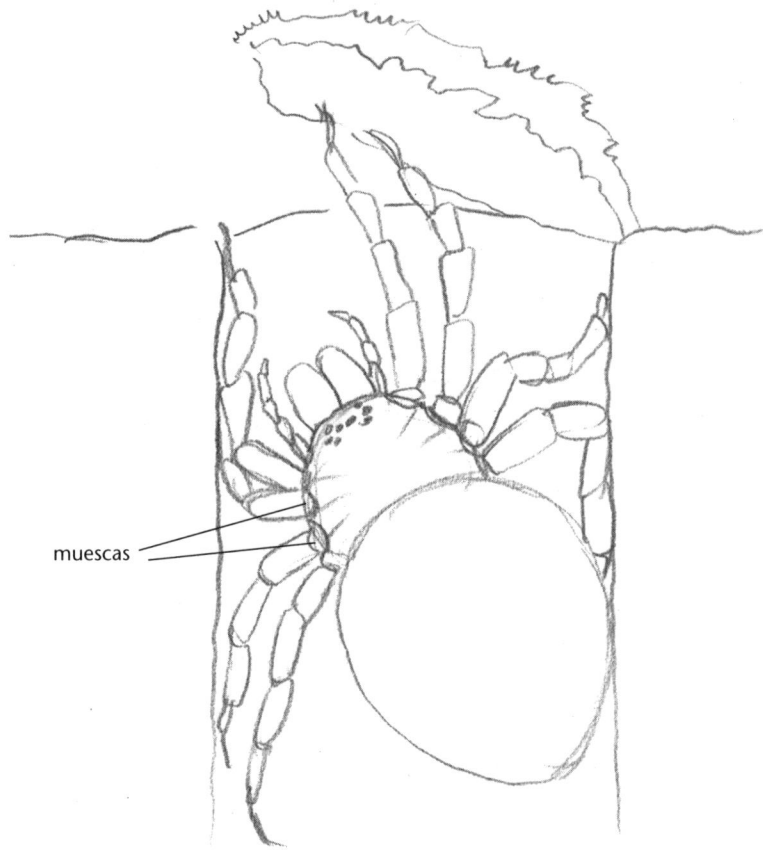

muescas

3. Dibuja las patas restantes una a una. Haz las muescas del cefalotórax donde se unen las patas.

4. Con el lápiz afilado, haz trazos cortos para sombrear las patas y abdomen peludos. Cuando el lápiz se despunte, haz el suave sombreado del túnel y la trampilla.

   Repasa el contorno, oscureciendo las partes que consideres necesarias.

   Limpia el dibujo con la goma. ¡Ponle fecha y guárdalo en tu carpeta!

   ¡Toc, toc!

   ¿Quién es?

Vicuña

Vicugna vicugna.

Sudamérica: Perú, norte de Chile.
Tamaño: 1,4 m de largo, 1 m de alto
en la cruz.

Es el miembro más pequeño de la
familia de los camellos y vive en los
Andes, al borde del desierto y cerca
de los pastizales. Es un animal veloz
y elegante que vive en grupos de
hasta 15 individuos: ya sea un solo
macho y el resto hembras, o sólo
machos. Las hembras paren una cría
después de unos 10 meses de
gestación. Aunque es una especie
muy perseguida por su piel y su
carne, parece que la población está
aumentando.

1. Esboza dos círculos
   solapados para el cuerpo,
   y otros dos más pequeños
   para la cabeza y el hocico.
   Une cabeza y cuerpo con
   las largas curvas del
   cuello.

2. Dibuja los ojos y la nariz:
   presta mucha atención a
   dónde están situados
   dentro de sus respectivos
   círculos. Traza una
   pequeña curva para la
   boca y añade las orejas.

3. Oscurece el ojo, sombrea
   la cara, oscurece la línea
   de la mandíbula y haz una
   sombra en el cuello.
   Añade líneas dentadas
   para el espeso pelaje del
   pecho.

4. Encaja las patas delanteras
   con pequeños óvalos para
   las articulaciones;
   perfílalas, con las pezuñas.

5. Dibuja una pata trasera.

6 Dibuja la otra pata trasera y añade la cola. Repasa el contorno del lomo con trazos cortos de lápiz. Añade pelo en la panza.

7. Presta mucha atención a las zonas más claras y oscuras mientras sombreas el cuerpo. Realza el contorno donde sea necesario. Dibuja la sombra proyectada en el suelo junto con algo de hierba y unas piedras.

¡Vaya vicuña! Limpia el dibujo con la goma, ponle fecha y guárdalo en tu carpeta.

Consejos

Empieza suelto y suave

Lo habrás visto muchas veces en este libro: *Nunca aprietes al principio.*

Esbozar significa ensayar ideas, probar métodos alternativos y, básicamente, no preocuparse mucho de que el resultado sea perfecto.

Esbozar desarrolla mucho la habilidad. Trata de tomar apuntes rápidos para captar el aire del animal: copia del natural, de fotos, de la TV, de vídeos… Luego, usándolos como guía, reúne con método y con cuidado lo aprendido en el dibujo final.

Puedes descubrir (como quizá todos los ilustradores y artistas) que tus bosquejos tienen más fuerza y captan mejor la esencia del animal que el dibujo definitivo.

Así que… ¡guarda todos los dibujos y ponles siempre la fecha!

Dibujos cronometrados

Prueba esto: elige un tema y haz dibujos cronometrados. Primero, en *cinco segundos* (es posible, ¡de verdad!). Luego hazlos en 30 segundos. Después concédete dos minutos. Ahora ya puedes tomarte el tiempo que quieras: 10 minutos, media hora, un día… ¿Notas las diferencias? ¿Cuáles te gustan más?

¡Nunca aprietes al principio!

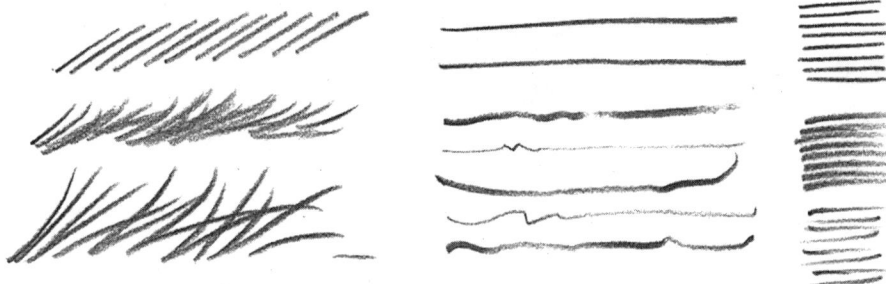

Consejos

El trazo marca la diferencia

No todos los trazos se hacen igual; algunos dan vida al animal. Intenta que los tuyos sean interesantes. Aprende a usar las líneas para captar el aire del animal que estás dibujando. Aquí tienes unas sugerencias:

- ### Haz expresivo el contorno

  ¿En qué cambia el contorno de los dos camellos? ¿Ves alguna técnica que puedas aplicar en tus dibujos para darles más vida?

- ### Crea texturas con trazos

  Y respecto a la textura, ¿qué dibujo te da una idea mejor de lo que sentirías al tocar al camello?

- ### Da volumen con los trazos

  Aparte de crear textura, ¿cómo ayudan los trazos a dar volumen a la figura (la figura es tridimensional)? ¿Puedes ver qué líneas de estos dos camellos bactrianos hacen el dibujo más «tridimensional»?

Una última sugerencia:

¡Guarda tus trabajos!

Siempre que hagas un dibujo, incluso un bosquejo, pon en él tus iniciales (¡o tu firma!), la fecha y guárdalo. No hay que conservar los trabajos hasta que amarilleen o se pulvericen, pero sí al menos unos meses. A veces, dentro de la carpeta... ¡mejoran misteriosamente! A mí me ha pasado a menudo con los míos, especialmente con aquellos que sabía que no eran buenos, pero que a pesar de todo guardé.

Haz tu propia carpeta

cinta (por ambas caras)

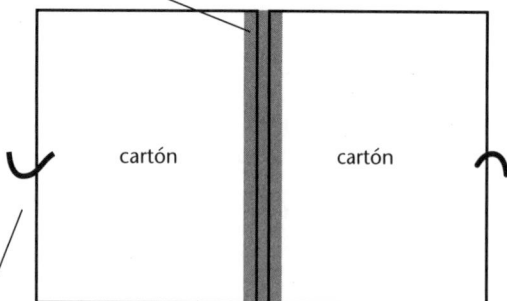

cartón   cartón

cordón o cinta
(para cerrar la
carpeta)

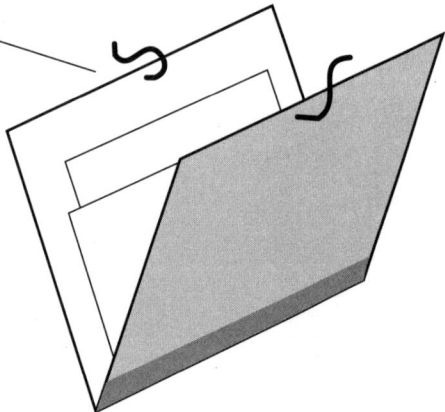

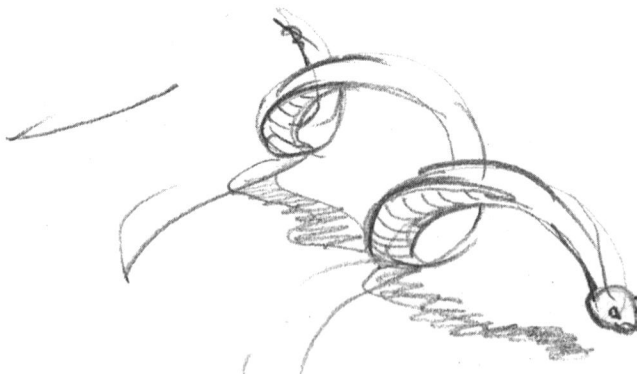

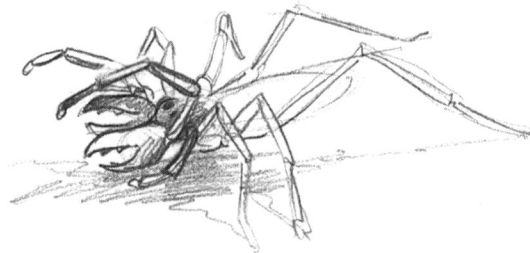

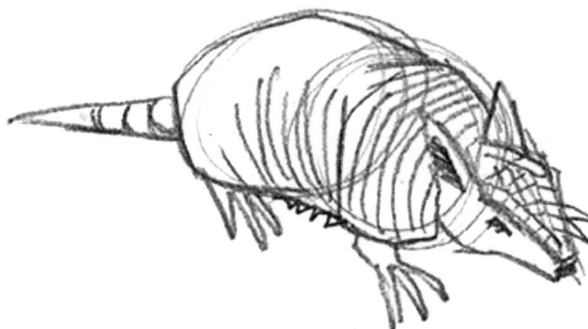

Índice

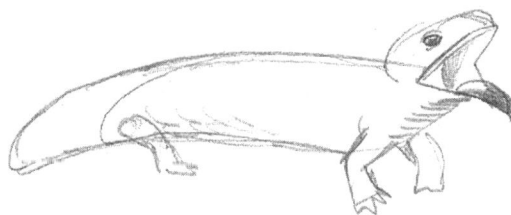

Dibujar paso a paso
Títulos publicados: